로지컬 씽킹의 기술

30ポイントで身につく!「ロジカルシンキング」の技術
野口吉昭 監修
HRインスティテュート 著
PHP研究所 刊
2012

30-POINT DE MINI TSUKU!
"LOGICAL THINKING" NO GIJUTSU
supervised by Yoshiaki Noguchi
written by HR Institute
First original Japanese language edition published by PHP Institute, Inc., Japan

Copyright ⓒ 2012 HR Institute
All rights reserved.

Korean Translation Copyright ⓒ 2014 by The Business Books and Co., Ltd.
Korean translation rights arranged with
PHP Institute, Inc., Japan
through CREEK&RIVER Co., Ltd. and CREEK&RIVER KOREA Co., Ltd.

이 책의 한국어판 저작권은 크릭앤리버 에이전시를 통해
저작권사와 독점 계약을 맺은 (주)비즈니스북스에게 있습니다.
저작권법에 의해 국내에서 보호를 받는 저작물이므로 무단 전재와 복제를 금합니다.

로지컬 씽킹의 기술

탁월한 기획을 이끌어 내는 생각정리의 힘

HR 인스티튜트 지음 | 노구치 요시아키 감수 | 현창혁 옮김

비즈니스북스

로지컬 씽킹의 기술

1판 1쇄 발행 2014년 2월 5일
1판 14쇄 발행 2023년 12월 11일

지은이 | HR 인스티튜트
옮긴이 | 현창혁
발행인 | 홍영태
편집인 | 김미란
발행처 | (주)비즈니스북스
등 록 | 제2000-000225호(2000년 2월 28일)
주 소 | 03991 서울시 마포구 월드컵북로6길 3 이노베이스빌딩 7층
전 화 | (02)338-9449
팩 스 | (02)338-6543
대표메일 | bb@businessbooks.co.kr
홈페이지 | http://www.businessbooks.co.kr
블로그 | http://blog.naver.com/biz_books
페이스북 | thebizbooks
ISBN 978-89-97575-20-6 13320

* 잘못된 책은 구입하신 서점에서 바꾸어 드립니다.
* 책값은 뒤표지에 있습니다.
* 비즈니스북스에 대한 더 많은 정보가 필요하신 분은 홈페이지를 방문해 주시기 바랍니다.

비즈니스북스는 독자 여러분의 소중한 아이디어와 원고 투고를 기다리고 있습니다.
원고가 있으신 분은 ms1@businessbooks.co.kr로 간단한 개요와 취지, 연락처 등을 보내 주세요.

프롤로그

비즈니스 기획의 '길'을 찾는 법

어느 회사의 회의 풍경.

논의가 좀처럼 방향을 찾지 못하고 혼란만 거듭하고 있다. 이도 저도 아닌 생뚱한 의견들이 날아다닌다. 감정적이 되어 시비를 거는 사람, 의기소침해져서 논의 자체를 포기하는 사람, 입을 다문 채 관객처럼 앉아 있는 사람, 휴대폰만 만지작거리는 사람…….

이때 문이 열리고 상사로 보이는 한 사람이 들어와 자리에 앉았다.
"지금까지 논의된 내용을 좀 알려 주겠소?"

그러자 한 사람이 황급히 상황을 설명했다. 그는 회의가 방향을 잡지 못해 어려움을 겪고 있다고 보고했다. 나중에 들어온 사람은 보고를 다 듣더니 아무렇지도 않은 듯 자리에서 일어나 화이트보드 앞으로 걸어갔다. 그러고는 차트를 그리기 시작했다.

"그러니까 결국 이런 말이군요. 상품을 어떤 것으로 할지 판단하는 기준이 정해져 있지 않아서 논의가 더 이상 앞으로 나아가지 못하는 겁니다. 먼저 이 부분을 명확히 하는 게 좋겠어요. 상품을 선정할 때 우선적으로 고려해야 할 기준은 뭐죠?"

질문을 받자 직원 중 한 사람이 대답했다.

"무엇보다 기능성을 최우선으로 고려해야 합니다."

이번에는 다른 사람이 의견을 제시했다.

"기능성도 중요하지만 요즘 소비자들은 디자인 역시 매우 중요하게 생각합니다."

그러자 한 사람씩 의견을 말하기 시작했다. 그 상사는 모든 의견을 주의 깊게 들은 뒤 이렇게 말했다.

"지금은 다들 주관적인 판단이 앞서 있어서 기준을 정하기 위한 객관적인 정보가 부족해 보입니다. 그래서 논의가 쉽게 정리되지 않는 겁니다. 모레까지 판단에 필요한 자료를 준비해 오도록 합시다. 모레

저녁 미팅에서 준비한 자료를 바탕으로 결정합시다."

모두가 고개를 끄덕였다. 무엇을 해야 하는지가 보이기 시작했다. 진척 없이 표류하던 논의가 방향이 잡힌 것이다. 이제 남은 것은 행동뿐이었다. 움직이면서 생각하고, 사실을 바탕으로 판단하면 된다. 회의가 끝나자 사람들은 각자 가설을 세우고 그것을 바탕으로 정보 수집 작업에 들어갔다.

아마 직장 생활을 하는 사람이라면 누구나 이런 일을 한 번쯤은 겪어 봤을 것이다. 어떤 한 사람이 회의에 들어오는 것만으로도 논의가 잘 진행되고 방향이 정해지면서 무엇을 어떻게 해결할지 알게 되고, 이전까지는 흐릿하던 시야가 확 뚫리면서 전체적인 그림이 그려지는 그런 경험 말이다.

일의 목적을 명확히 하고 본질을 파악해서 모두가 알기 쉬운 길을 신속하게 찾아내는 사람, 우리는 이런 사람을 두고 로직(logic)이 있다거나, '논리적으로 사고'(logical thinking)를 한다고 말한다. 이들은 경험을 중시하면서도 논점부터 명확히 하고 틀을 설정한 후에 사실을 바탕으로 생각한다. 또한 무조건 논리로 몰아붙이는 것이 아니라 상대방의 이야기에 귀를 기울이고 객관적인 사실과 감정을 균형 있게 다루면서 서로 납득할 수 있는 답을 찾아내기도 한다.

  이 책은 '논리'를 활용해 논의의 장을 만들고 활성화하며 올바른 방향을 정해 결과를 도출하는 데 필요한 기술을 제시하고자 한다. 물론 이런 기술로 당신의 목적을 달성하기까지는 당연히 많은 훈련이 필요하다. 그러나 훈련은 '원칙'을 알고 난 후에 해도 늦지 않다. 먼저 논리적으로 생각하는 방법, 그 원칙을 이 책을 통해 이해하기를 바란다. 그런 다음에 이 책에서 제시하는 논리적인 사람의 특징과 행동을 따라 해보자. 나아가 자신의 것이 되어 자연스러워질 때까지 반복적으로 실천해야 한다.

  이렇게 '이해하고, 따라 하고, 반복하는' 과정을 통해 논리적으로 사고하는 습관이 정착될 수 있다. 이 책을 통해 한 사람이라도 더 많은 이들이 논리적 사고의 장에 발을 들여 놓게 되기를 바란다. 그러면 이제 본격적으로 문을 열고 들어가 보자.

2014년 1월
HR 인스티튜트

차례

프롤로그_ 비즈니스 기획의 '길'을 찾는 법 … 5

Part 1
로지컬 씽킹이란 무엇인가
_당신의 경쟁력을 향상시킬 논리적으로 일하는 기술

01 '소통'의 시작, 로지컬 씽킹

쥐는 코끼리보다 무거울 수 있는가? … 20
Point 1 논리적 사고란 다른 사람들이 '이해할 수 있는' 사고의 방식!

사람은 논리적으로 고민하지 않는다 … 24
Point 2 논리적 사고란 목표와 결론을 명확히 하는 것!

로지컬 씽킹의 3가지 경쟁력 … 28
Point 3 알기 쉽게 이해시키는 능력, 날카로움, 신속함을 향상시켜라!

02 생각하는 법을 바꾸는 기술

논리적인 사람은 무엇이 다른가? · · · 36
Point 4 논리적인 사람의 행동을 철저히 모방하라.

일상의 사소한 실천이 생각의 습관을 바꾼다 · · · 42
Point 5 사고를 바꾸려면 먼저 행동을 바꿔라!

Part 2
로지컬 커뮤니케이션이란 무엇인가
_이해하기 쉽고 효과적으로 말을 전달하는 기술

01 논리의 틀을 세우는 2개의 기둥

'관계'를 생각하고 '전제'를 일치시켜라 · · · 52
Point 6 나에게는 명백한 것이 상대에게는 명백하지 않을 수 있다는 점을 인식하라.

피라미드 구조로 논리를 확보한다 · · · 59
Point 7 '그래서?', '왜?', '그 외에는?', '정말 그런가?' 같은 질문으로 스스로를 추궁하라!

02 그래서, 당신이 하고 싶은 말은 무엇인가?

보텀업 방식: 정보 수집에서 시작한다 · · · 68
Point 8 의미 있는 결론을 추출하고 이를 사실에 비추어 검증하라.

톱다운 방식: 결론에서 시작한다 ··· 81
Point 9 수집된 정보에 따라 결론이 바뀔 수 있음을 염두에 두고 검증하라.

03 전달의 완성은 '이해'다

나누면 보이지 않던 것이 보인다 ··· 86
Point 10 사물을 자세하게 나누면 쉽게 이해할 수 있다.

이해의 기준은 내가 아닌 상대방이다 ··· 90
Point 11 나만 아는 것이 아니라 누구나 알 수 있는 이야기를 하라.

정보를 한눈에 보이게 만든다 ··· 95
Point 12 로직트리, 매트릭스, 프로세스 도구를 이용해 대상을 나누고 분해하면 이해가 쉬워진다.

Part 3
논리적 문제 해결이란 무엇인가
_본질을 파악하고 시각화하는 기술

01 프레임워크로 전체상 파악하기

전체를 보지 못하면 진짜 해결이 아니다 ··· 112
Point 13 보이는 문제만이 아니라 다방면에서 사물을 파악하라.

누락과 중복 없이 정리하고 분석한다 · · · 116
Point 14 MECE로 누락과 중복 없이 전체상을 파악하라.

다양한 기준으로 현상을 파악한다 · · · 123
Point 15 다른 각도에서 사물을 바라보아야 입체적, 다면적으로 파악할 수 있다.

프레임이 그려지지 않을 때는 '대비'를 활용한다 · · · 132
Point 16 더하기, 곱하기, 순열 형식의 프레임을 세워 누락과 중복 없이 생각하라.

02 문제를 발견하고 해결하는 로직 프로세스

'무엇이' 진짜 문제인가? · · · 148
Point 17 WHAT 트리와 매트릭스로 전체상을 파악해 문제를 발견하라.

문제의 '원인'은 무엇인가? · · · 159
Point 18 WHY 트리를 사용하여 '왜'를 반복하면서 진정한 원인을 파악하라.

문제를 '어떻게' 해결할 것인가? · · · 164
Point 19 공감을 부르는 HOW 트리로 사람의 마음을 움직여라.

03 생각을 업그레이드하는 제로베이스 관점

생각이 막힐 땐 이유가 있는 법이다 · · · 174
Point 20 기존의 방식이나 성공 체험을 리셋하여 생각해 보라.

상식을 의심하는 습관을 들여라 · · · 176
Point 21 고정관념과 습관에 얽매인 자동사고에 주의하라.

까칠하게 생각하고 용기 내어 질문하라 ··· 182
Point 22 상식, 기성 개념, 고정관념을 의심하라.

제로베이스 사고에서 기억해야 할 3가지 ··· 185
Point 23 목적과 사실을 확인하고, 자유로운 발상으로 방법을 도출하라.

모르는 게 힘이다 ··· 194
Point 24 '안다'고 생각하는 것은 위험하다. 모르는 것에 주목하라.

애매함과 비약 없이 말하는 습관을 들인다 ··· 199
Point 25 항상 구체적인 단어로 생각하고 이해하는 습관을 들여라.

Part 4
로지컬 씽킹을 가속화하는 힘
_빠른 의사결정과 행동으로 일의 효율을 높이는 기술

01 논리적인 사람은 '시작'이 다르다

일의 성패를 가르는 5 & 3 법칙 ··· 212
Point 26 첫 5분에 집중하라. 모든 대상을 3가지 관점으로 바라보라.

02 가설 검증 사이클을 활용하라

가설 검증의 속도를 높여라 ··· 220
Point 27 사실 정보를 바탕으로 가설 검증 사이클을 반복해서 회전시켜라.

03 전달의 속도를 높이는 법

'전달하는' 것과 '전달되는' 것의 차이 ··· 232
Point 28 무리하게 전달하려 하지 말고 전달될 수 있는 방법을 연구하라.

확실한 한마디로 전달한다 ··· 235
Point 29 '요컨대', '즉', '한마디로'와 같은 단어를 사용해 단적으로 전달하라.

프로는 결코 변명하지 않는다 ··· 238
Point 30 어떤 상황에서든 '나'를 주어로 이야기하라.

에필로그_ 현장에서 통하는 진정한 사고법 ··· 242

로지컬 씽킹이란 무엇인가

_당신의 경쟁력을 향상시킬 논리적으로 일하는 기술

01

'소통'의 시작, 로지컬 씽킹

쥐는 코끼리보다
무거울 수 있는가?

논리적 사고라는 것을 어떻게 설명할 수 있을까? '논리'라는 말만 들어도 머리가 지끈거리는 사람들을 위해 풀어서 설명하면, 논리적으로 사고한다는 것은 '결론에 대해 명확한 근거를 바탕으로 사고하는 것'이라고 말할 수 있다. 좀 더 쉬운 말로 표현하면 다른 사람이 들었을 때 충분히 납득할 수 있는 사고의 방식이다. 즉, 논리적이라는 것은 누가 보더라도 이성적으로 이해할 수 있는 생각을 의미한다.

다음 질문에 대답해 보자.

"쥐, 개, 코끼리, 이 중 어느 것이 가장 무거운가?"

매우 쉬운 질문이다. 아마 대부분의 사람들이 주저하지 않고 '코끼리'라고 답했을 것이다. 그런데 어떤 사람이 느닷없이 가장 무거운 것은 '쥐'라고 답했다면 대부분의 사람들은 그가 틀렸다고 말할 것이다. 아무리 큰 쥐라고 해도 상식적으로 쥐가 코끼리보다 무거울 수는 없기 때문이다. 하지만 조금만 더 깊이 생각해 보면 쥐, 개, 코끼리 중 가장 무거운 것은 쥐라는 주장도 참이 될 수 있다. 대체 어떻게 그럴 수 있을까?

먼저 코끼리가 가장 무겁다는 주장부터 살펴보자. 왜 코끼리는 쥐보다 무거운가? 이는 마치 "왜 1 더하기 1은 2인가?"라는 질문처럼 느껴질 수도 있다. 당신은 이 당연한 진리에 '왜?'를 따지는 것이 오히려 당황스러울 것이다. 아마도 당신을 비롯해 대부분의 사람들은 코끼리가 가장 무겁다고 답한 이유에 대해 생각조차 해보지 못했을 것이다. 하지만 생각해 보면 그 답은 쥐, 개, 코끼리를 실제 동물로 가정하고 한 마리의 쥐와 한 마리의 개, 한 마리의 코끼리를 비교해서 도출한 것이다.

그렇다면 쥐가 가장 무겁다고 대답한 사람은 어떨까? 어쩌면 그는 각 동물 한 마리의 무게를 비교한 것이 아니라 지구상에 살고 있는 '모든 쥐'의 무게를 합한 것과 '모든 개'의 무게를 합한 것, 그리고 '모든 코끼리'의 무게를 합한 것을 비교해서 답을 이끌어 냈을지도 모른다. 실제 지구상에는 셀 수 없이 많은 수의 쥐가 살고 있다. 그에 비해 개는 개체수가 더 적고, 코끼리는 최근 멸종 위기에 처할 정도로 그 개체수가 적다.

이처럼 '결론과 근거의 관계성'을 머릿속에 그리며 말한다면 '가장

논리적 사고란 무엇인가

- 자신의 생각과 상대방의 생각을 확인하고 합의에 이를 수 있다.

- 자신뿐만 아니라 듣는 사람이 납득할 수 있는 시나리오를 만들 수 있다.

- 목표를 향해 무엇을 해야 하는지가 명확해 일관된 행동으로 표현된다.

논리적 사고란 '쉽게 이해할 수 있다'는 것!

무거운 것은 쥐'라는 대답도 때론 허무맹랑한 소리가 아니라 뚜렷한 근거를 지닌 주장이 된다.

나아가 조금만 더 자유롭게 생각해 보면 '만일 그 쥐가 미키마우스라면 그 가치는 가장 무겁다'는 식으로, 즉 일반적인 동물의 무게가 아닌 가치의 무게로 비교한 대답도 나올 수 있다. 이런 대답들도 주위 사람들이 납득할 수 있는 근거가 제시되고 사실에 의해 증명된다면

'이해할 수 있는' 주장이 된다.

　이처럼 논리적으로 사고한다는 것은 그 명제가 정답인지 아닌지를 가려내는 프로세스가 아니라, 자신이 생각하는 결론에 대해 적절한 근거와 사실을 제시하여 상대방이나 주변 사람들이 납득할 수 있는 '시나리오'를 만드는 프로세스를 뜻한다.

Point 1　논리적 사고란 다른 사람들이 '이해할 수 있는' 사고의 방식!

사람은 논리적으로
고민하지 않는다

논리적 사고의 정의를 '이해하기 쉬운 사고의 방식'이라고 설명했지만 이는 어디까지나 사고, 즉 '생각한다'는 상태를 전제로 한 것이다. 그렇다면 이 '생각한다'는 말의 진짜 의미는 무엇일까? '고민한다'는 단어와 비교하여 정의를 내려 보면 다음과 같다.

  생각한다: 움직임이 있다.
  고민한다: 멈춰 있다.

  생각한다: 결론이 나온다.
  고민한다: 결론이 나오지 않는다.

이 밖에 '생각한다'와 '고민한다'의 차이에는 어떤 것이 있을까? 흔히 생각할 수 있는 의미들을 다음 페이지 표에 정리했으니 참고하기 바란다.

앞서 논리적 사고란 '자신이 생각하는 결론에 대해 납득할 수 있는 근거와 사실을 제시하여 주위 사람들이 이해하기 쉬운 상태를 실현하는 프로세스'라고 정의했다. 이는 자신이 생각하는 결론을 구체화하지 않고 막연히 누군가가 결론을 제시하기만 기다리는, 즉 사고가 정지된 상태에서는 논리적으로 생각할 수 없다는 말이다.

따라서 논리적으로 사고하기 위해서는 '생각하는 상태'와 '고민하는 상태'를 구분해서 이해할 필요가 있다. 평소 어떤 사물을 대할 때 자신이 생각을 하고 있는지, 아니면 생각하는 척하면서 사실은 의미 없는 고민만 하고 있는지 객관적으로 판단하는 것이 중요하다. 스스로 어떤 상태인지 객관적으로 파악할 수 없다면 생각과 고민을 구별하지 못해 논리적으로 사고할 수 없으며, 궁극적으로는 문제 해결에도 이를 수 없다.

그런 이유로 논리적으로 생각하는 것은 매우 중요하다. 우리가 '논리적으로 고민한다'고 말하지 않듯이, 논리라는 것은 어떤 목표를 명확히 하여 그곳에 도달하는 길을 만들어 내는 것이다. 이를 위해서는 '이러이러하지 않을까?'라는 가설과 자기 나름의 결론을 중요하게 여겨야 한다. 소프트뱅크의 손정의 회장도 한 인터뷰에서 일을 하는 데 가장 중요한 능력은 "얼마나 신속히 성공의 이미지를 그릴 수 있는가,

생각한다 vs 고민한다

생각한다

긍정적

앞으로 나아간다

외향적

가설이 있다

프로세스가 있다

자신을 중심으로 생각한다

⬇

논리적으로 사고할 수 있다

고민한다

부정적

정체되어 있다

내향적

가설이 없다

프로세스가 없다

다른 것을 중심으로 생각한다

⬇

감정에 휩쓸릴 수 있다

그리고 거기에 얼마나 집중하는가이다."라고 말했다. 가설과 결론을 그려 내는 것의 중요함을 역설한 말이다.

　생각하는 상태에 얼마나 집중할 수 있느냐의 여부는 논리적인 사고와 그렇지 않은 사고를 가르는 출발점이다. 그렇다고 해서 고민하는 상태가 무조건 나쁘다는 말은 아니다. 다만 자신이 고민하고 있다는 것을 알아채고 생산적인 생각의 상태로 스위치를 전환하려는 노력이 필요하다.

Point 2　논리적 사고란 목표와 결론을 명확히 하는 것!

로지컬 씽킹의
3가지 경쟁력

　오늘날 로지컬 씽킹, 즉 논리적 사고법은 교과목으로 채택하고 있는 고등학교가 있을 정도로 그 개념이 일반화되었다고 해도 과언이 아니다. 하지만 개념을 아는 것과 별개로 논리적 사고를 통해 대화하고 문제를 해결하는 사람은 생각보다 많지 않은 듯하다. 왜 우리는 논리적으로 사고해야 하는가? 논리적 사고는 우리에게 무슨 이득을 주는가? 우리가 논리적으로 생각해야 하는 가장 큰 이유는 이제 그것이 세상의 공통 언어로 여겨지기 때문이다. 논리적 사고의 필요성이 증가한 배경에는 크게 세 가지가 있다.

　우선 과거에 비해 정보의 양이 비약적으로 늘어나면서 정보를 편집하고 정리하는 능력이 중요해졌다. 정보는 많아졌지만 오히려 '그래서 뭐가 어쨌다는 거지?'라는 물음에 대답하기가 더 어려워진 만큼 사고를 체계적으로 정리할 필요성이 높아진 것이다. 이제는 수많은 정보 속에서 날카롭게 핵심을 찾아내 결론을 이끌어 내는 능력이 어느 때보다 요구되고 있다.

두 번째로 기업 및 커뮤니티 내부의 다양성이 증가하면서 논리적 사고가 더욱 중요하게 되었다. 이른바 글로벌 기업이라는 곳에 가서 연수를 하다 보면 참가자의 10~20퍼센트는 외국 국적을 가진 사람인 경우가 많다. 그래서 언어는 물론 사고의 측면에서도 이들을 하나로 연결시키는 커뮤니케이션, 즉 함께 일하는 사람들끼리 의견을 일치시킬 수 있도록 쉽게 이해할 수 있는 커뮤니케이션이 요구되고 있다.

마지막으로, 의사결정 속도의 가속화를 들 수 있다. 급변하는 시장 상황 속에서 기업은 신속한 의사결정에 대한 필요성이 높아졌고, 그 결과 로지컬 커뮤니케이션의 필요성이 더욱 강조되고 있다. 날카롭게 핵심을 도출하고 이해하기 쉬워야 할 뿐 아니라 진행 속도의 향상도 요구받고 있는 것이다.

이처럼 정보의 복잡화, 관련 구성원의 다양화, 의사결정 속도의 가속화를 전제로 논리적 사고는 반드시 필요한 사고의 기술로 자리 잡고 있다. 그리고 공통 언어로서 논리의 구조를 이해하는 사람이 늘어날수록 그 틀을 적용해 커뮤니케이션하기를 원하는 사람 또한 늘어날 것이다.

그렇다면 논리적 사고의 이점으로는 무엇이 있을까? 매일의 업무

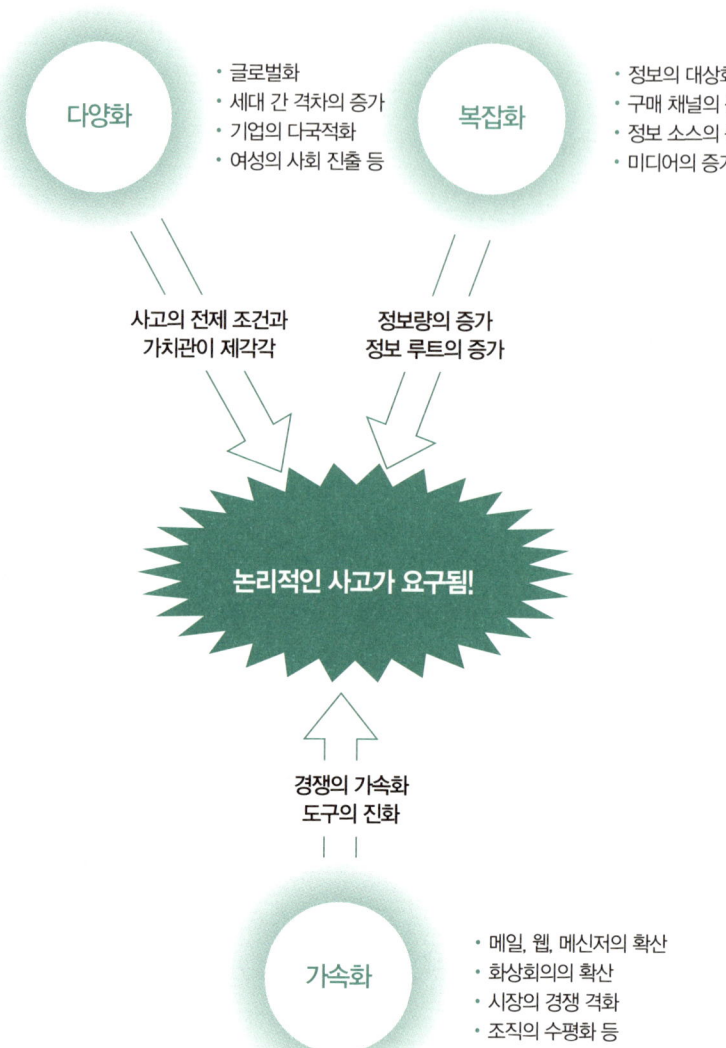

에서 우리가 부딪히는 다양한 상황에 대해 한번 생각해 보자. 사소한 일에서부터 중대한 결정을 내리기 위한 보고, 새로운 기획 제안이나 급박한 문제에 대한 해결책에 이르기까지 논리적 사고가 필요한 곳은 많다. 체계적이고 논리적으로 사고하는 습관을 들이면 언제 어떤 상황에 놓이더라도 그에 필요한 능력을 키울 수 있다. 다음은 논리적 사고에서 얻을 수 있는 이점을 정리한 것이다.

① 상대방을 쉽게 이해시키는 능력

- 시간이 없는 상사에게 핵심 사항을 보고해야 한다. 논점을 분명히 하여 가장 하고 싶은 말을 명확하고 간결하게 전달하려면 어떻게 해야 할까?
- 해외 지점에 근무하고 있는 사원에게 중요한 사항을 전달해야 한다. 그런데 언어도 다르고 생활 방식도 다르다. 어떻게 하면 제대로 전달할 수 있을까?

⟶ 논리적 사고를 익히면 상대방이 처한 상황과 입장을 인식하고 시나리오를 쉽게 구성하는 기술을 향상시킬 수 있다!

② 핵심을 파악하는 날카로운 시각

- 고객에게 기획 제안을 하려고 한다. 고객이 당면한 문제 해결을 위해 관련 정보는 많이 모았으나 상식적인 결론 외에 뾰족한 해

법을 찾지 못하고 있다. 좀 더 날카로운 해결책을 찾으려면 어떻게 해야 할까?

- 사내 회의에서 야근 문제를 다루고 있다. 영업 목표를 낮출 수는 없고, 매출을 유지하면서 노동 시간을 줄여야 하는 상황이다. 어느 한쪽에 치우친 의견을 제시하는 것은 의미가 없다. 이럴 때 일석이조의 효과를 누릴 수 있는 의견을 제시하려면 어떻게 해야 할까?

⋯▸ 논리적 사고를 익힘으로써 기존과는 다른 시각으로 정보를 바라볼 수 있게 되고, 예전에는 생각하지 못했던 가설을 세울 가능성이 높아진다!

③ 속도의 향상

- 시간이 제한된 회의에서 의사결정을 내려야 한다. 신속히 사람들의 합의를 이끌어 내려면 어떻게 해야 할까?
- 제한된 시간 안에 기획서를 작성해서 프레젠테이션을 해야 한다. 효율적으로 정보를 모아 고객의 기대를 넘어서는 기획서를 작성하려면 어떻게 해야 할까?

⋯▸ 논리적으로 사고하면 불필요한 생각이 줄어들어 사고의 속도가 향상된다. 가설을 세워 검증하므로 각 단계에서 필요한 일과 다음에 해야 할 일을 빠르게 파악하여 행동에 옮길 수 있다.

이처럼 복잡화·다양화·가속화를 특징으로 하는 오늘날의 비즈니스 상황에서 논리적 사고는 매우 중요한 기술이라고 할 수 있다. 또한 논리적으로 생각하는 힘은 앞으로 당신이 어떤 업계, 어떤 직종, 어떤 환경에서 일하게 되더라도 반드시 요구되는 기술이기도 하다.

논리적인 사고를 익히기 위해서는 먼저 그 방법론과 사고방식의 원리를 알아야 한다. 또, 평소에 논리적으로 의사를 전달할 수 있도록 노력하고 이를 반복적으로 훈련해야 한다.

Point 3 알기 쉽게 이해시키는 능력, 날카로움, 신속함을 향상시켜라!

02

생각하는 법을 바꾸는 기술

논리적인 사람은
무엇이 다른가?

　이 장에서는 논리적인 사고를 체득하기 위한 구체적인 방법을 설명할 것이다. 논리적으로 사고하는 법은 타고나는 능력일까, 아니면 후천적인 훈련을 통해 얻을 수 있는 것일까?

　때때로 해박한 지식을 가진 사람이 자신의 말을 논리적으로 풀어내지 못하거나 얕은 지식을 가지고도 논리 자기 정연하게 자기 주장을 잘 전달하는 사람들을 볼 때면 '저건 타고나는 것이구나'라고 생각하기 쉽다. 그러나 논리적인 사고란 후천적으로 학습하고 계발하는 게 가능한 '기술'이다. 사람들이 기술, 흔히 스킬이라고 부르는 것을 떠올려 보자. 예를 들어 당신이 골프를 배운다고 하면 골프 실력을 키우기 위해 필요한 것은 단 하나, 직접 몸으로 움직여 해보는 것뿐이다.

골프도 그렇지만 무엇이든 잘하는 사람에게 배워야 실력이 향상된다. 잘 치는 사람의 스윙 폼을 따라 하고 연구하다 보면 점차 자신의 스윙에 무슨 문제점이 있는지 알게 된다. 이렇게 발견한 문제점을 고치고 다시 훈련을 반복하는 동안에 저절로 익혀지는 것이 바로 기술이다.

핵심은 '모방'에 있다. 기술은 이 모방하는 행위에 '배움'을 더한 '모방 학습'을 통해 향상된다. 논리적 사고 역시 다른 기술과 마찬가지로 모방 학습을 통해 스스로 체득할 수 있는 기술이다.

그렇다면 모방 학습은 구체적으로 어떻게 해야 할까? 논리적으로 뛰어난 사람을 보고 단순히 '대단하네!'라며 감탄만 하다 끝난다면 학습이 될 리 없다. 현재 메이저리그에서 뛰고 있는 가와사키 무네노리 선수는 선배 야구 선수인 스즈키 이치로를 동경하여 그를 완벽히 모방한 것으로 유명하다(심지어 그는 이치로와 같은 팀에서 뛰고 싶은 열망에 연봉을 낮춰가며 메이저리그로 옮기기도 했다). 스윙 폼은 어떤지, 타석에 섰을 때의 자세는 어떤지, 연습은 어떻게 하는지 등 무네노리는 이치로의 모든 것을 관찰해서 완벽히 자신의 것으로 흡수했다.

논리적 사고를 훈련할 때도 마찬가지다. 논리적으로 말하고 생각하는 사람을 봤을 때 '왜 이 사람은 이런 시각을 가지게 되었을까?'라고 생각해 봐야 한다. '왜?'를 반복해 질문하는 연습을 하면서 자신이 그 기술을 응용할 수 있을 때까지 깊이 이해하려는 자세가 필요하다. '대단하네!'로 끝나는 사람과 '왜?'를 반복하는 사람 간에는 시간이 지날수록 커다란 차이가 생긴다. 기술은 철저하게 모방 학습을 통해 체득된

논리적 사고의 기술은 모방 학습을 통해 습득된다

논리적으로 생각하고 말하는 사람을 만나면

'대단하네!'

에서 그치는 것이 아니라

'나와는 무엇이 다른 거지?'
'구체적으로 어떻게 하면 저 사람처럼 할 수 있을까?'
'한번 따라 해보자'

라고 생각하며 따라 하다 보면
기술 향상의 길이 열린다!

이해하고, 따라 하고, 반복하라!
반복적으로 실행해야
논리적 사고력이 향상된다.

다는 것을 반드시 기억하라.

그렇다면 논리적으로 사고하는 사람이란 어떤 사람일까? 가까운 사람이든 유명한 사람이든 누구라도 좋으니 평소 논리적이라고 생각되는 사람을 떠올려 보자. 그리고 앞서 언급한 것처럼 자신이 따라 하고 응용할 수 있는 행동이나 말하기의 특징을 자세히 찾아보라. 특징을 찾을 때는 사고·마인드 측면과 행동·기술 측면으로 구분하면 더욱 찾기 쉽다. 우리가 진행하는 기업 연수에서 참가자들이 떠올리는 특징들을 다음 페이지 표에 정리해 놓았다. 이를 당신이 떠올린 특징들과 비교해 보라.

먼저 사고 측면에서 보면, 논리적인 사람은 방향이 명확하다. 무엇을 하든 항상 목적지의 이미지를 그려 놓고 움직인다. 행동이나 표현이 명확한 사람은 목표를 달성하기 위해 항상 생각하는 습관이 있다. 그래서 불필요한 생각으로 빠지지 않고 자신이 말하는 바에 대해 자신감을 유지할 수 있다. 반면 논리적이지 못한 사람은 근본적으로 달성하고자 하는 목표가 분명하지 않아 판단부터 흔들리기 쉽다. 목표 자체가 흔들리므로 방법을 선택할 때도 늘 혼란에 빠지며, 확신이 없는 생각은 부정적인 결과로 이어질 수밖에 없다.

행동 측면에서도 논리적인 사람과 그렇지 않은 사람 사이에는 많은 차이가 있다. 논리적인 사람은 짧고 간결하게 결론부터 말하며, 데이터의 정리와 판단이 빠르고 단정적인 말투를 쓴다. 그러나 논리적이지 못한 사람은 상황을 설명하는 데 급급해 말하고자 하는 바를 잘

논리적인 사람의 특징

	논리적인 사람	논리적이지 않은 사람
사고 측면	방향이 명확하다 생각한다 긍정적이다	방향이 불명확하다 고민한다 부정적이다
행동 측면	발언이 명확하다 데이터에 강하다 정리 지향적이다 요약 중심의 발언 결론부터 말한다	말끝을 흐린다 데이터에 약하다 감정 지향적이다 서술 중심의 발언 상황부터 말한다
	⬇ 이해하기 '쉽게' 말하는 사람	⬇ 이해하기 '어렵게' 말하는 사람

전달하지 못하고 장황하게 이야기하며, 현상을 감정적으로 판단하기에 말끝을 흐리거나 애매한 표현을 많이 쓴다. 이런 사람들은 자세히 이야기하지 않으면 상대방이 납득하지 못할 것이라고 지레짐작해 주변 설명에 지나치게 집착하고 말이 길어지는 경향이 있다.

이렇듯 논리적으로 사고하는 사람의 말과 행동을 살펴보고 자신과 끊임없이 비교해 보는 것은 논리적 사고를 학습하는 데 있어 매우 중요한 부분이다. 모방 학습을 통해 스스로의 사고와 행동을 수정하고 조금씩 사고의 틀을 바꿔 논리적 사고의 기술을 정착시키도록 하자.

Point 4 논리적인 사람의 행동을 철저히 모방하라.

일상의 사소한 실천이
생각의 습관을 바꾼다

논리적인 사람과 그렇지 못한 사람의 차이는 메일 쓰기에서도 엿볼 수 있다. 우리가 비즈니스에서 가장 많이 이용하면서도 가장 많은 실수를 저지르는 일이 바로 '메일 쓰기'이다. 메일은 직접 얼굴을 맞대고 이야기하는 것이 아니라서 논리적인 구조로 명확하게 표현하지 않으면 상대가 이해하기 어려울뿐더러 의도하는 하는 바를 효과적으로 전달할 수 없다.

　메일을 쓰는 방법과 내용을 보면 논리적인 사람과 그렇지 않은 사람의 차이가 확연히 드러난다. 논리적인 사람들의 메일 쓰기에서 공통적으로 나타나는 첫 번째 특징은 즉시 회신을 한다는 것이다. 이들은 메일을 받으면 곧바로 메일을 다음 세 가지 종류로 구분한다.

- 즉시 판단하여 회신해야 하는가?
- 내가 해결할 수 없는, 다른 사람에게 전달해야 하는 사안인가?
- 곧바로 회신할 수 없는 사안일 때, 그런 취지를 먼저 알리고 정보를 수집한 후에 회신해야 하는가?

이들은 메일을 읽었으면서도 "나중에 하지 뭐." 하면서 방치했다가 시간이 흐른 후에 다시 읽는 식의 행동을 하지 않는다. 이들처럼 상황을 즉시 판단하는 것은 논리적 사고를 훈련하는 데 큰 도움이 된다. 또한 나중에 다시 메일 내용을 읽어 보느라 불필요한 시간을 잡아먹지 않아도 된다.

또한 논리적인 사람들의 메일 내용을 살펴보면 논점이 분명하고 내용이 주제에 맞게 구분되어 있으며, 문장이 짧고 간결한 특징을 보인다. 하고 싶은 말이 명확할 뿐 아니라 상대방에게 필요한 정보가 사실과 함께 서술되어 있는 등 이해하기 쉽고 내용이 뚜렷하다.

반면 논리적이지 못한 사람들은 대개 회신이 늦고 회신 타이밍도 제각각이다. 그들의 메일은 논점이 불명확하고 전달하려는 말이 분명치 않으며, 대체로 문장이 길고 체계적이지 않은 특징을 보인다. 상대방이 요구한 정보보다는 자신이 하고 싶은 말만 하거나 감정적으로 표현하는 등 불필요한 내용이 들어 있는 경우도 있다.

이처럼 이해하기 쉽게 전달하고 생각하기 위한 첫 번째 단계는 메일 쓰기처럼 일상의 사소한 행동부터 하나씩 바꿔 보는 것이다.

논리적인 사람의 메일 쓰기

▶ **논리적이지 못한 사람의 메일**

> 지난번 건에 대해 ← [제목이 애매하면 논점이 흔들리기 쉽다.]
>
> ○○님
> 지난번 미팅에 참석해 주셔서 감사합니다.
> 여러 가지로 많은 이야기를 나눈 가운데, 재료를 줄임으로써 비용을 절감할 수 있다는 점과 품질관리가 중요하고, 그에 만전을 기하기 위한 체제가 요구되고 있다는 점을 잘 알았습니다.
> 또 마지막에 말씀해 주셨습니다만, 고객을 기다리게 하지 않기 위해서도 납품까지의 속도도 중요시하고 계시다는 것이었습니다.
> 본사는 이러한 점을 모두 만족시킬 수 있다고 생각됩니다.
> 계속해서 검토해 주시기를 부탁드립니다.

['여러 가지' '많은' 등 애매한 단어가 사용되고 있다.]

[병렬적인 이야기를 제각각 서술하고 있다.]

[가장 강조하고 싶은 결론임에도 명확히 말하고 있지 않다.]

⬇ 이를 수정하면

▶ **논리적인 사람의 메일**

> 상품 선정 기준에 대한 건
>
> ○○님
> 지난번 미팅에 참석해 주셔서 감사합니다.
> 귀사가 상품의 선정에서 중요시하고 있는 점을 정리하면
>
> 1 저비용: 재료의 경감을 기대
> 2 품질관리: 만전을 기하기 위한 체제 구축
> 3 납품 속도: 고객을 기다리게 하지 않음
>
> 등입니다.
> 상기 3가지 점에 대해 본사는 모두 부응할 수 있다는 점을 말씀드립니다.
> 계속해서 검토해 주시기를 부탁드립니다.

- 질문을 받으면 먼저 결론을 말한 뒤에 근거를 제시한다.
- 메일을 받으면 즉시 회신하고 내용은 간단하게 작성한다.
- 의견을 전달할 때 체계적으로 정리해서 설명한다('말씀드릴 사안은 세 가지입니다').
- 사실에 근거하여 말한다.
- 가능한 한 짧은 문장으로 말한다.

대체로 컨설팅 회사들은 논리를 중요하게 여기는 업종이라 이런 커뮤니케이션과 관련해 매우 엄격한 환경을 구축해 놓고 있다. 그래서 컨설턴트들은 일반 비즈니스맨보다 명확한 결론을 제시하는 데 능숙하다. 만일 컨설턴트가 분명한 결론을 내놓지 못한다면 그건 컨설팅이라 할 수 없다. 컨설팅 회사의 회의에서는 발언을 길게 하거나 장황하게 늘어놓으면 짧게 말하라고 압박을 가한다. 그리고 근거가 약하면 "왜?", "어째서?"와 같은 질문 세례를 받는다. 논리적인 사고를 익히는 데 필요한 환경을 모두가 함께 만들어 가는 것이다.

논리적 사고를 장려하는 환경이 중요한 이유는 우리의 사고와 커뮤니케이션 능력이 환경에 크게 영향 받기 때문이다. 로지컬 커뮤니케이션이 중시되지 않는 환경에서 성장한 사람은 논리적으로 생각하는 습관 자체가 형성될 수 없다. 여기서 환경이란 직장은 물론이고 가정과 학교, 나아가 민족과 문화적 환경도 포함된다.

예를 들어 한국이나 일본처럼 비교적 단일한 민족으로 구성된 국

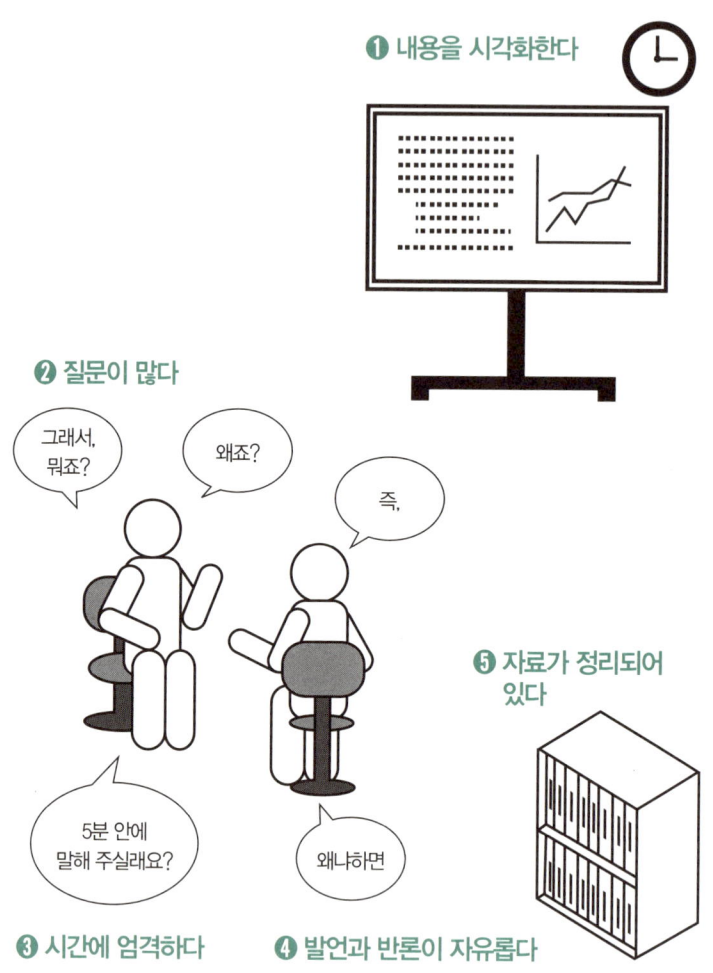

가의 경우는 같은 역사와 문화적 배경을 공유하기에 견해의 다양성이 적은 편이라 할 수 있다. 개별 문장에 담긴 콘텐츠보다 문장에 담긴 배경과 문맥, 즉 '콘텍스트'(context)에 의존하여 소통하는 경향이 강한 것이다. 따라서 상대방이 이해할 수 있도록 설명할 필요성이 크지 않고, 그 결과 논리적으로 말하고 소통하는 습관을 체득하기 어렵다. 반면 미국처럼 다양한 민족으로 구성된 나라에서는 통일된 언어뿐만 아니라 논리적으로 말하는 습관이 생활 속에서 자연스럽게 형성된다. 서로 다른 배경과 문맥을 지닌 누군가에게 뭔가를 이해시키려면 논리적으로 설명을 하지 않을 수 없기 때문이다.

앞서 언급한 논리적인 사람의 특징을 한마디로 표현하면 '잘 이해시키는 능력'으로 정리할 수 있다. 따라서 우리의 목표는 "당신의 말(글)은 참 이해하기 쉽네요."라는 말을 듣는 것이다. 하지만 같은 환경에서 일하는 사람이나 가족들로부터 이해하기 쉽다는 말을 듣는 것만으로는 부족하다. 정말로 논리적인 사람이 되려면 다른 업종과 다른 환경, 나아가 외국인과의 대화에서도 이해하기 쉽다는 말을 들을 수 있어야 한다. 점점 국가적, 민족적 경계가 사라지고 비즈니스의 글로벌화가 진행될수록 이런 논리적 사고와 커뮤니케이션 능력은 더욱 중요해질 것이다.

Point 5 사고를 바꾸려면 먼저 행동을 바꿔라!

로지컬 커뮤니케이션이란 무엇인가

_이해하기 쉽고 효과적으로 말을 전달하는 기술

01

논리의 틀을 세우는
2개의 기둥

'관계'를 생각하고
'전제'를 일치시켜라

당연하다고 생각하는 것의 함정

이제 구체적으로 논리적 사고력을 향상시키기 위한 훈련을 시작해 보자. 먼저 이해하기 쉬운 문장의 특징에 대해 알아보자. 다음 문장의 괄호 안에 들어갈 말을 생각해 보라.

비가 오면 (①   )이(가) 돈을 번다.
왜냐하면 (②   ) 때문이다.

두 문장에서 ①은 결론, ②는 근거에 해당한다. 어떤 말이 들어가면 좋을까? 가령 다음과 같이 괄호 안을 채웠다고 하자.

비가 오면 (택시)가 돈을 번다.
왜냐하면 (빨리 비를 피하고 싶어 하기) 때문이다.

이 문장은 언뜻 보면 문제가 없는 것처럼 보이지만 논리적인 관점에서는 그렇지 않다. 우선 결론과 근거가 서로 논리적으로 연결되지 않는다. 상황과 문맥 없이 문장만 보면 '택시가 돈을 번다'라는 사실과 '빨리 비를 피하고 싶어 하기 때문이다'라는 근거에는 서로 연관이 없다. 다음과 같이 두 문장의 위치를 바꿔 생각해 보면 문제를 더 분명하게 알 수 있다.

빨리 비를 피하고 싶어 하기 때문에 택시가 돈을 번다.

어딘가 이상하지 않은가? '돈을 번다'라는 사실에 적절한 근거는 '늘어나다', '매출이 오르다' 등이다. 사실과 근거의 연결성을 떠올리면 이해하기가 쉽다. 그래서 위의 문장은 다음과 같이 수정하는 것이 적절하다.

빨리 비를 피하고 싶은 사람들이 늘어나기 때문에 택시가 돈을 번다.

이처럼 서술어에 주목해 적절하게 연결되는 근거를 찾아 문장을 완성하는 것이 사실과 근거의 관계성, 즉 논리를 분명히 하는 데 중요한 첫걸음이다.

그러나 위 문장도 아직은 불충분하다. 여기에 두 번째 문제점이 있다. 바로 '범위가 불명확'하다는 점이다. 빨리 비를 피하고 싶은 사람들이 늘어났다고 해도 택시가 정말로 돈을 번다고 할 수 있을까? 그날 마침 기록적인 한파가 몰아쳤다면 아무도 집 밖으로 나가려 하지 않을 것이다. 그래서 택시를 이용하는 사람들은 오히려 줄어들어 택시는 돈을 벌 수 없을지도 모른다.

또한 문장의 주어인 '비를 피하고 싶은 사람들'이 평소에도 택시를 자주 이용한다면 비가 내리든 내리지 않든 택시 매출액은 달라지지 않을 것이다. 즉, '누가' 빨리 비를 피하고 싶은 것인지, '누가' 택시를 타는 것인지 범위를 명확히 할 필요가 있다. 이를 반영하여 다시 문장을 고치면 다음과 같다.

> 비가 오면 평소 걸어 다니거나 대중교통을 이용하던 사람들 중에 빨리 비를 피하고 싶은 사람들이 늘어나고, 그 사람들이 택시를 이용하기 때문에 택시가 돈을 번다.

이처럼 주어의 정의와 범위를 명확히 하는 것도 논리를 제시하는 데 매우 중요하다.

그러나 이 문장도 완벽하지는 않다. '택시가 돈을 번다'고 했는데 돈을 버는 주체가 과연 택시인가? 그렇지 않다. 돈을 버는 것은 택시가 아니라 택시 회사 또는 택시 기사다.

어쩌면 지나치게 사소한 부분까지 지적한다고 생각할 수도 있다. 하지만 읽는 사람이나 듣는 사람의 추측에 기대지 않고 누구에게 전달되더라도 같은 해석이 나와야 비로소 논리적이라고 말할 수 있다. 지적한 점을 반영하여 문장을 고치면 다음과 같다.

> 비가 내리면 택시 회사가 돈을 번다.
> 왜냐하면 평소 걸어 다니거나 대중교통을 이용하던 사람들 중에 빨리 비를 피하고 싶은 사람이 늘어나고, 그들이 택시를 이용하기 때문이다.

물론 일상적인 대화에서 이렇게 치밀하게 생각해서 말하는 경우는 드물다. 그러나 이는 아주 일상적인 상황을 예로 든 것에 불과하다. 만일 사업의 성패를 결정짓는 중요한 사안과 관련된 사실이라면 이야기는 크게 달라질 것이다. 앞서 설명했듯이 같은 환경 아래서 생활하는 사람들끼리는 배경과 문맥을 공유하므로 그렇게 논리적인 설명이 필요하지 않다. 하지만 그런 만큼 듣는 사람에 따라 다른 해석이 나올 수 있다는 점을 기억해야 한다.

여기서 설명한 문제점을 떠올리면서 평소 자신이 말하고 쓰는 문장에 이와 유사한 부분이 없는지 확인해 보도록 하자.

'A'라고 말할 때 상대방이 'A'로 받아들이는가?

논리적이고 이해하기 쉬운 문장에서 중요한 점이 또 하나 있다. 바로 메시지를 보내는 쪽과 받는 쪽의 전제를 일치시키는 것이다. '전제'라는 말이 쉽게 다가오지 않는다면 앞서 언급한 '쥐, 개, 코끼리'를 가지고 생각해 보자.

'쥐, 개, 코끼리 중 어느 동물이 가장 무거운가?'라는 질문을 받으면 대부분이 망설임 없이 코끼리라고 대답할 것이다. 이 경우 해석의 전제는 '각 동물을 한 마리씩 비교한다'는 것이다. 하지만 해석의 전제를 '지구상에 존재하는 각 동물 개체수의 무게를 모두 합해 비교한다'라고 할 경우 정답은 쥐가 된다. 또한 전제가 '동물이 아니라 마침 거기 놓여 있는 장난감으로 비교한다'는 것이라면 답은 또 달라질 것이다.

이처럼 어떤 질문이나 문장의 해석은 그 전제에 따라 크게 달라진다. 자신은 논리적으로 설명했다고 해도 상대방이 잘 이해하지 못하는 이유의 대부분은 이런 전제의 차이에서 비롯되는 경우가 많다.

한 신입 컨설턴트가 고객 회사의 사장에게 채산성이 떨어지는 사업에서 철수하도록 충분한 사실 근거를 바탕으로 프레젠테이션을 했는데 전혀 이해를 구하지 못했다며 어려움을 토로한 적이 있었다. 자신이 보기에는 충분히 논리적인 내용이라고 해도 상대방과 기본적인 전제가 다르면 이런 문제가 발생한다. 어쩌면 그 컨설턴트와 고객사 사장은 성장 속도에 대해 다른 이미지를 그리고 있었을 수도 있고, 사

결론과 근거를 연결시키는 포인트

당사 상품의 매출이 늘었다.
왜냐하면 경쟁사가 부정을 저질렀기 때문이다.

당사 상품의 매출이 늘었다.
왜냐하면 경쟁사가 부정을 저질러
고객 이탈이 발생했고,
그 고객이 당사의 상품을 구입했기 때문이다.

---

❶ 서술어를 연결하라.

❷ 범위를 명확히 하라.

❸ 관계성을 의식하여 단어를 선정하라.

장은 매출보다는 브랜드 같은 정성적 측면을 더 중요시했을 수도 있다. 아니면 사장이 컨설턴트가 모르는 중요한 사실을 숨기고 있었을 수도 있다.

이처럼 자신이 세운 논리를 상대방도 반드시 같은 논리로 받아들이지는 않는다는 점을 분명히 알아야 한다. '이해하기 쉽다'는 것은 상대방의 상황과 그가 생각하고 있는 전제를 파악하고 여기에 맞춰 논리를 세워야 가능하다는 점을 명심해야 한다.

'나에게는 명백한 것이 상대방에게도 명백한 것인지는 알 수 없다'는 인식이 필요하다. 이는 비즈니스에서 논리적 사고를 실천할 수 있느냐의 핵심이기도 하다. 흔히 논리적인 사람이라고 하면 머리 좋은 사람을 떠올리기 쉽다. 그러나 학력이 높고 머리가 좋다고 해서 비즈니스에서도 논리적이라고 할 수는 없다. 오히려 이런 사람들 중에는 상대방의 입장을 전혀 고려하지 않고 이해하기 어려운 설명을 당연하다는 듯 말하는 사람들이 많다.

더불어 이런 문제를 알고 있어도 신속한 판단을 중요시하는 오늘날의 비즈니스에서는 속도에만 매몰돼 논리적 측면을 게을리 하기 십상이다. 따라서 자신의 설명이 논리적인지 늘 의식하고 실천해야 할 것이다.

> **Point 6** 나에게는 명백한 것이 상대에게는 명백하지 않을 수 있다는 점을 인식하라.

피라미드 구조로
논리를 확보한다

논리적으로 생각하고 이해하기 쉬운 주장을 전개하는 데 빼놓을 수 없는 것이 '피라미드(트리) 구조'다. 이는 위에서부터 논점, 결론, 근거, 사실(증거)을 구성 요소로 하는 논리의 틀 전체를 나타내는 것으로 논리적 사고 체계를 훈련하는 데 필수 불가결한 차트다. 피라미드 구조를 통해 논리의 틀을 세우려면 다음 5가지 조건을 충족시켜야 한다.

- 논점(이야기의 중심이 되는 테마)이 명확할 것
- 결론(가장 하고 싶은 말)이 논점과 연결될 것
- 결론에 대한 근거(말하고 싶은 것을 이끌어 내기 위한 이유)가 하나 이상 준비되어 있을 것

- 근거가 객관성 있는 사실(증거)로 뒷받침될 것
- 전체 흐름이 상대방의 입장에서 이해하기 쉬울 것

논점이란 한마디로 이야기의 테마라고 할 수 있다. 예를 들어 "오늘 점심은 뭘 먹지?"라고 대화를 시작하는 것도 하나의 논점이라고 할 수 있으며 '이 회사를 인수해야 하는가?'와 같은 의사결정이 요구되는 테마도 논점이 된다. 사고를 시작하는 논점이 분명하지 않으면 전체 내용이 논리적인지 여부를 판단할 수 없으며, 기본적으로 주장 자체가 성립되지 않는다. 그래서 '모든 논리는 논점에서 시작된다'고 해도 과언이 아니다.

그다음은 논점에 대한 결론을 정리해야 한다. 결론이란 가장 하고 싶은 말, 즉 핵심 메시지를 뜻한다. 결론을 말할 때 중요한 점은 논점과 연결되어야 하고 가능한 한 단순해야 한다는 것이다. 논점과 연결되어야 한다는 것은 너무 당연해서 간과하기 쉽지만 실제 일상적인 커뮤니케이션에서 결론이 논점을 벗어난 경우를 자주 볼 수 있다. 다음의 대화같이 말이다.

A: 뭘 먹을까?
B: 글쎄, 요즘 속이 좀 이상한 것 같아.

위 대화에서 B는 A의 질문에 제대로 대답하고 있지 않다. B가 대

논리적 주장을 전개하기 위한 피라미드 구조

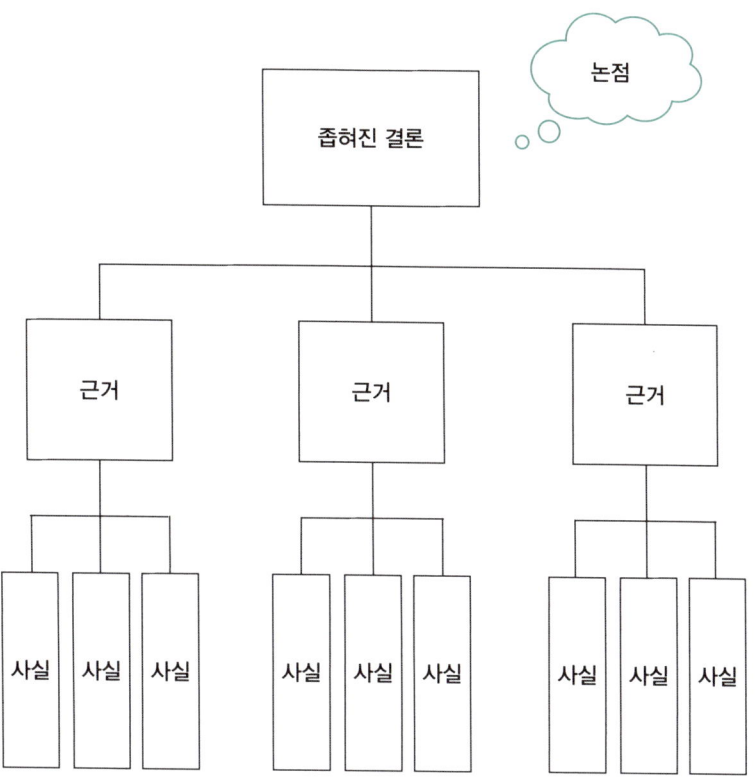

❶ 논점(이야기의 중심이 되는 테마)이 명확해야 한다.
❷ 결론(가장 하고 싶은 말)이 논점과 연결되어야 한다.
❸ 결론에 대한 근거(말하고 싶은 것을 이끌어 내기 위한 이유)가 하나 이상 준비되어 있어야 한다.
❹ 근거가 객관성 있는 사실(증거)로 뒷받침되어야 한다.
❺ 전체 흐름이 상대방의 입장에서 이해하기 쉬워야 한다.

화의 논점에서 벗어나 있다는 점을 쉽게 알 수 있는데, 일상적인 대화에서 뿐만 아니라 비즈니스에서도 이런 일은 흔히 일어난다. 다음 사례를 살펴보자.

상사: 이 회사를 인수해야 한다고 생각하나?
부하직원: 이 회사는 매력적인 자산을 다수 갖고 있습니다.
상사: 그 말은 곧 이 회사를 인수해야 한다는 것인가?
부하직원: 그런데 다른 한편으론 성장성이 둔화되고 있다는 점이
 불안 요소라고 할 수 있습니다.
상사: 그렇군. 그래서 자네 의견은 어느 쪽이지?

공통된 논점을 가지고 대화가 진행되는 듯 보이지만 실제로 두 사람의 이야기는 전혀 연결되지 않는다. 이 대화에서 부하직원은 논점과 관련된 메시지를 제시하지 않고 있다. 상사가 제기한 논점은 '인수할 것인가 하지 않을 것인가'이므로 대답은 '인수해야 한다'나 '인수하지 말아야 한다' 혹은 '현 시점에서는 판단할 수 없다' 중에 하나가 되어야 한다. 물론 '……하다면 인수해야 한다'는 식으로 조건을 붙이는 것도 가능하다.

어쩌면 위 대화에서 부하직원은 아직 인수 여부에 대해 판단을 내리지 못하고 있는 것일 수도 있다. 그렇다면 "아직 결론을 내리지 못하겠습니다."라는 식으로 논점과 관련된 대답을 한 후에 상황을 설명

하는 것이 옳다.

논점이 분명하고 그에 연관된 결론이 서술되었으면 다음은 이를 뒷받침하는 근거를 제시해야 한다. 근거는 핵심 메시지로 표현되는 경우도 있으나 하나로는 부족하다. 적어도 두세 개 정도를 제시해야 설득력이 높다. 예를 들어 뭔가를 주장할 때 그 주장에 유리한 측면과 불리한 측면을 이야기하는 것만으로도 두 개의 근거가 된다. 근거가 하나밖에 준비되지 않았다면 이는 한쪽 측면에서만 설명하는 것이 되어 신빙성이 부족하다는 인상을 주게 된다.

그리고 핵심 메시지가 되는 근거는 객관적인 사실로 뒷받침되어야 한다. 결론과 근거는 어디까지나 주관적이다. 따라서 이를 객관적인 사실로 증명하여 자신의 주장이 옳다는 점을 전달할 수 있어야 한다.

위에서 설명한 내용을 정리하면 논리적 주장을 전개하기 위해서는 다음 다섯 가지 질문에 대답할 수 있어야 한다.

- 무엇을 이야기하는가?
- 그래서 결론이 무엇인가?
- 왜 그런가?
- 그 외에는 어떤 것이 있는가?
- 정말로 그런가?

이렇게 보면 논리적이 된다는 것은 매우 단순하다. 일상적인 대화

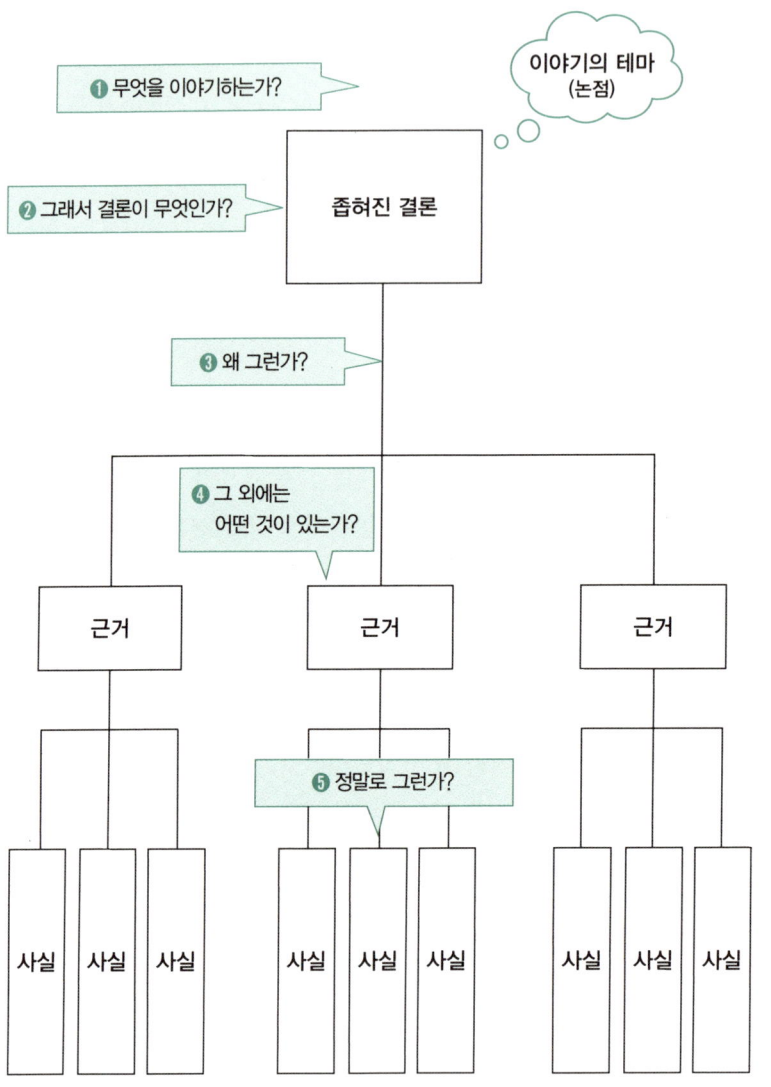

에서 상대방의 말꼬리를 잡는 것과 크게 다르지 않다. '무슨 얘기야?', '그래서 결론이 뭔데?', '왜 그렇지?', '다른 이유는 없나?', '그게 정말이야?'라고 질문하면서 따져 보는 것이다. 다른 사람에게 이렇게 추궁당하기 전에 스스로 체크하도록 하자.

> **Point 7** '그래서?', '왜?', '그 외에는?', '정말 그런가?' 같은 질문으로 스스로를 추궁하라!

02

그래서, 당신이
하고 싶은 말은 무엇인가?

보텀업 방식
: 정보 수집에서 시작한다

피라미드 구조를 이용해 논리를 구축하는 방법으로는 크게 보텀업(bottom up) 방식과 톱다운(top down) 방식 두 가지가 있다.

보텀업 방식은 논점을 명확히 한 후에 그와 관련된 사실을 수집하고, 그로부터 '그래서 뭐?'를 반복함으로써 결론을 이끌어 내는 프로세스를 뜻한다. 반면 톱다운 방식은 일반적으로 말할 수 있는 현상과 이론을 바탕으로 먼저 결론의 가설을 설정하고, 이를 사실에 비추어 검증하면서 논리를 만들어 가는 접근법이다.

금방 가설을 세우기가 어려운 논점에 대해서는 보텀업 방식을 이용해 사실에서 결론을 이끌어 내는 경우가 많다. 반대로, 일반론을 적용하기 쉬운 논점은 먼저 결론의 가설을 만들어 두고 톱다운 방식으

보텀업 방식

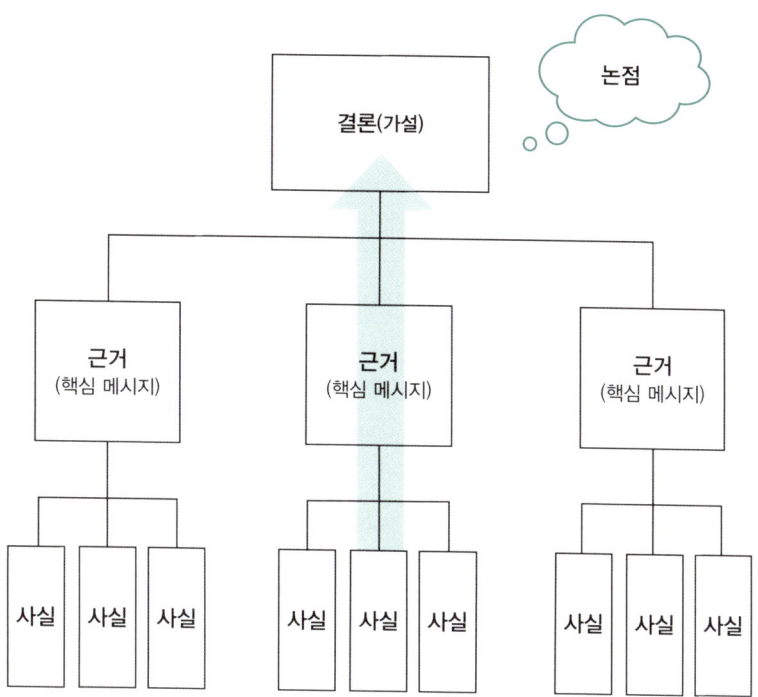

❶ 논점을 명확히 한다.

❷ 사실 정보를 수집하고 이를 그룹핑(grouping)한다.

❸ 그룹핑된 사실들로부터 핵심 메시지를 추출한다.

❹ 추출된 핵심 메시지에서 결론을 도출한다.

❺ 도출된 결론과 논점의 관계성을 확인하고 '왜?', '정말 그런가?'라는 질문을 던지면서 검증한다.

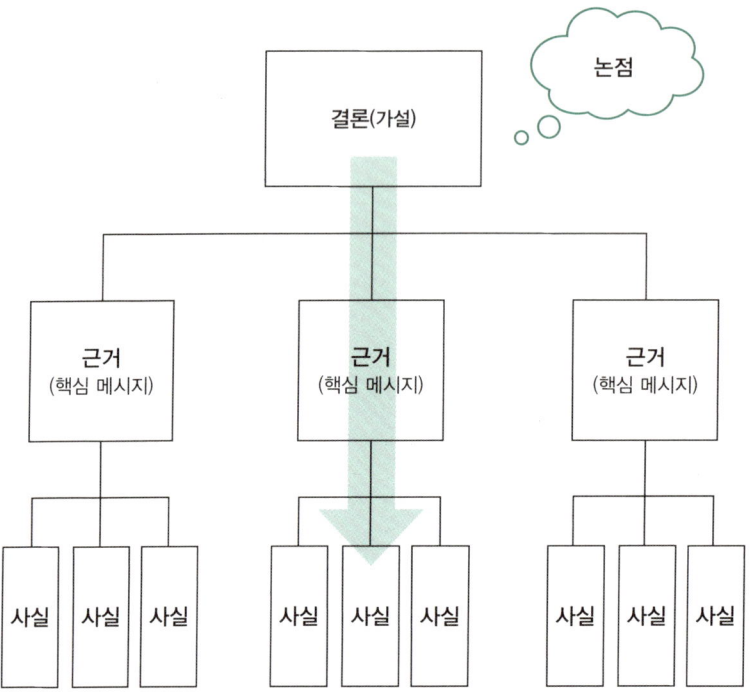

① 논점을 명확히 한다.

② 일반론, 기존의 경험으로부터 가설을 도출한다.

③ 가설을 검증하는 데 필요한 틀을 준비한다.

④ 준비된 틀에 따라 무엇이 검증되어야 하는지, 반대로 반증이 되는 경우는 어떤 경우인지 등을 명확히 한 후에 정보를 수집한다.

⑤ 수집된 정보로 검증을 실시하고 필요에 따라 가설을 수정한다.

로 논리를 구축하는 경우가 많다. 자신이 제시하고자 하는 논점의 성격에 따라 적절한 방식을 채택할 필요가 있다.

여기서는 먼저 보텀업 방식에 대해 구체적으로 살펴볼 것이다. 보텀업 방식은 다음 다섯 단계로 이루어진다.

① 먼저 논점을 명확히 한다.
② 사실 정보를 수집하고 이를 그룹핑한다.
③ 그룹핑된 사실들로부터 핵심 메시지를 추출한다.
④ 추출된 핵심 메시지에서 결론을 도출한다.
⑤ 도출된 결론과 논점의 관계성을 확인하고 '왜?', '정말 그런가?'라는 질문을 던지면서 검증한다.

이 다섯 단계를 거쳐 만들어진 문장은 적절한 논리를 갖추게 된다. 다음 페이지의 '피라미드 구조의 구축 1'을 살펴보자. 여기서 제시된 논점은 '당사는 해당 사업을 추진해야 하는가?'이다. 논점이 애매하거나 추상적이지 않고 명확하면 다음은 정보를 수집할 차례다. 여기서 정보란 결론을 증명하는 객관적인 자료가 되는 사실들을 말한다. 이때 염두에 두어야 할 점은 모든 정보를 수집하는 데는 한계가 있으며 정보 수집 자체가 목적이 되어서는 안 된다는 것이다. 무한정 정보를 수집하는 것보다 전체 그림을 파악하고 논점과 관련된 의미 있는 정보를 선별해 수집하는 것이 훨씬 효율적이다.

피라미드 구조의 구축 1

1 논점(이슈):
'당사는 해당 사업을 추진해야 하는가?'

관련 정보 수집

시장 성장률이 높다

경쟁 양상에 아직 별다른 특색이 나타나지 않고 있다

A사(시장점유율 5%), B사(시장점유율 4%)

당사의 판매 채널을 활용할 수 있다

X 사업의 엔지니어를 활용할 수 있다

고객들은 브랜드보다 기능 측면을 중시하고 있다

시장의 잠재적 규모가 크다

2 수집한 정보를 3C(시장, 경쟁사, 자사)로 그룹핑하면

시장

경쟁사

자사

이렇게 해서 '피라미드 구조의 구축 1'에 제시된 것처럼 관련 정보가 수집되었다고 가정해 보자. 여기에는 7개의 정보가 있다. 이를 3개 그룹으로 나누어 정리한다. 첫째는 시장 혹은 고객(Customer)에 대한 정보, 둘째는 경쟁사(Competitor)에 대한 정보, 셋째는 자사(Company)에 대한 정보다. 이 3가지 필수적인 사항을 '3C 분석'이라고 부른다.

그다음은 그룹핑한 정보에서 논점과의 관련성을 생각하면서 의미를 추출해 낸다. 정보는 그 자체만으로는 의미를 갖지 못한다. 논점과 가설을 의식한 '분석'이 이루어졌을 때 비로소 의미가 만들어지는데, 이 부분이 보텀업 방식의 첫 번째 고비이자 매우 중요한 부분이다.

다음 페이지의 '피라미드 구조의 구축 2'를 살펴보자. 경쟁사 A의 시장점유율이 5퍼센트, 경쟁사 B의 시장점유율이 4퍼센트라는 정보는 그 자체만으로는 큰 의미가 없다. 하지만 '당사가 해당 사업을 추진해야 하는가?'라는 논점에서 생각해 보면 '경쟁사의 시장점유율이 4~5퍼센트라는 낮은 수치를 나타내고 있으므로 사업 추진의 여지가 있다'라는 의미, 즉 핵심 메시지를 도출할 수 있다. 이처럼 논점을 의식하면서 정보에서 의미를 추출하고 이를 다시 논점과 연결하여 논리를 구축한다.

그룹핑한 정보에서 핵심 메시지를 추출했으면 이번에는 '정말로 그렇게 판단할 수 있는가?'라는 질문을 던지고 사실과 비교해 본다. 다

피라미드 구조의 구축 2

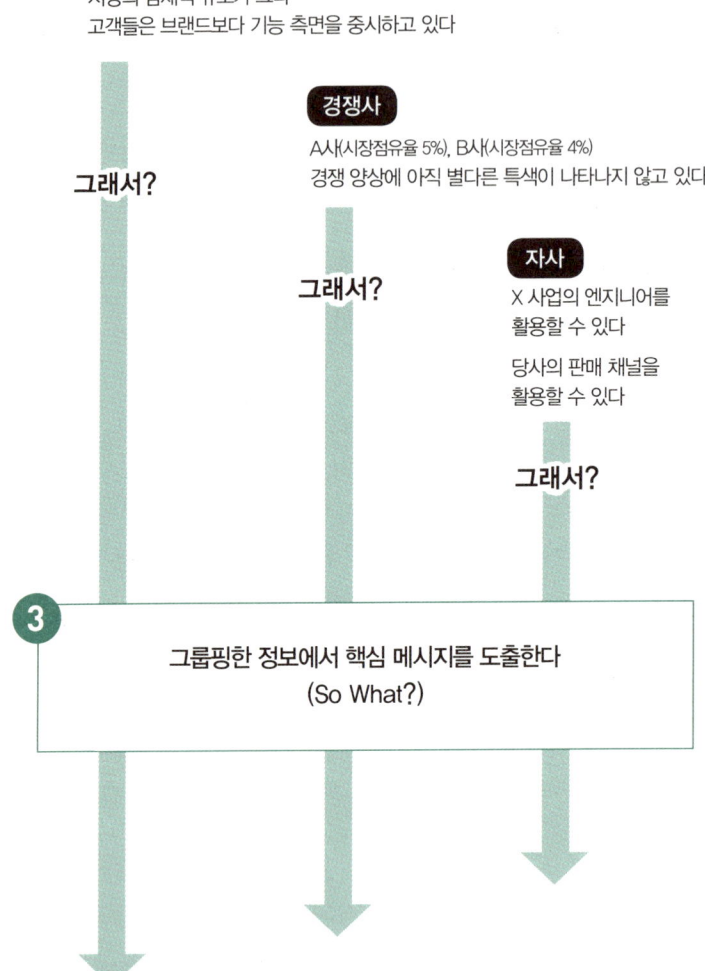

음 페이지의 '피라미드 구조의 구축 3'을 살펴보자. 메시지 전체를 사실에 비추어 보는 것이 아니라 문장을 각 의미별로 잘라 세부적인 부분을 사실에 비추어 검증하는 것이 중요하다. 예를 들어 '시장이 매력적이고, 후발 주자라도 싸워 볼 만하다'라는 메시지에는 두 가지 의미가 포함되어 있다. 하나는 '시장이 매력적'이라는 것이고 다른 하나는 '후발 주자라도 싸워 볼 만하다'라는 것이다. 이를 구분해서 각각 사실에 비추어 보고 논리가 통하는지를 검증하면 된다.

그룹핑을 통해 추출한 핵심 메시지가 타당하다고 확인되면 이제는 여기서 최종적인 결론을 도출한다. '피라미드 구조의 구축 4'에서 볼 수 있듯이 결론은 가능한 한 단순하게 표현하는 것이 중요하다.

마지막은 마무리 단계로, '피라미드 구조의 구축 5'와 같이 도출된 결론을 기점으로 근거와 사실에 비추어 논리가 통하는지를 다시 한 번 확인한다. 여기까지가 피라미드 구조를 활용하여 보텀업 방식으로 논리를 구축하는 일련의 흐름이다.

이 외에 보텀업 방식으로 결론을 이끌어 낼 때 주의해야 할 점이 있는데, 가능한 한 하나 이상의 결론을 구상하라는 것이다. 우리는 고가의 물건을 구입할 때나 중요한 개인적 결정을 내릴 때 여러 선택지 혹은 대안을 준비한 상태에서 결정을 내리곤 한다. 그런데 유독 비즈니스에서는 다른 선택지 혹은 대안을 준비한 상태에서 결정하는 경우가 별로 없다. 여기서 제시한 보텀업 방식으로 도출되는 결론도 반드시 하나뿐이라고는 할 수 없다. 사실을 통해 판단할 수 있는 결론은

피라미드 구조의 구축 3

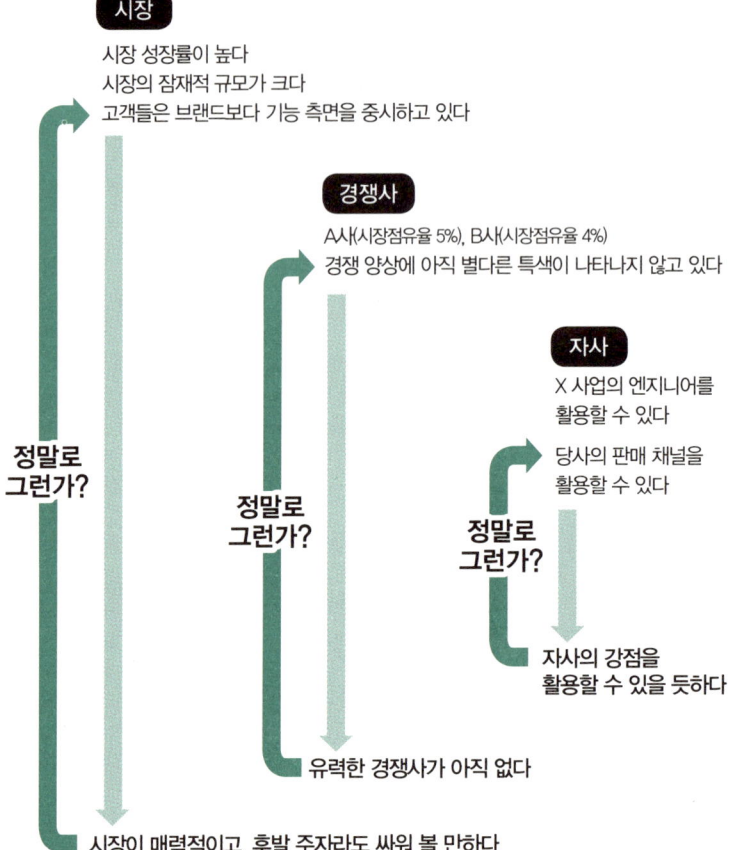

4 이를 바탕으로 내릴 수 있는 최종적인 결론은 무엇인가? (So What?)

피라미드 구조의 구축 4

  시장 성장률이 높다
시장의 잠재적 규모가 크다
고객들은 브랜드보다 기능 측면을 중시하고 있다

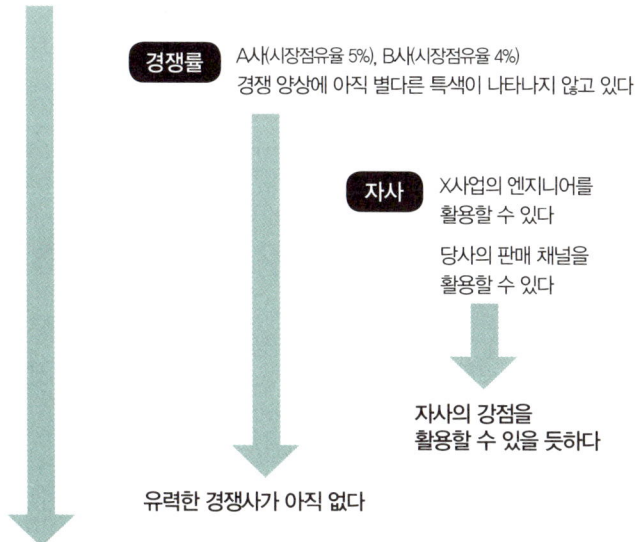

시장이 매력적이고, 후발 주자라도 싸워 볼 만하다

⬇

당사는 해당 사업을 추진해야 한다

  정말로 그런가?
(Why So?)

피라미드 구조의 구축 5

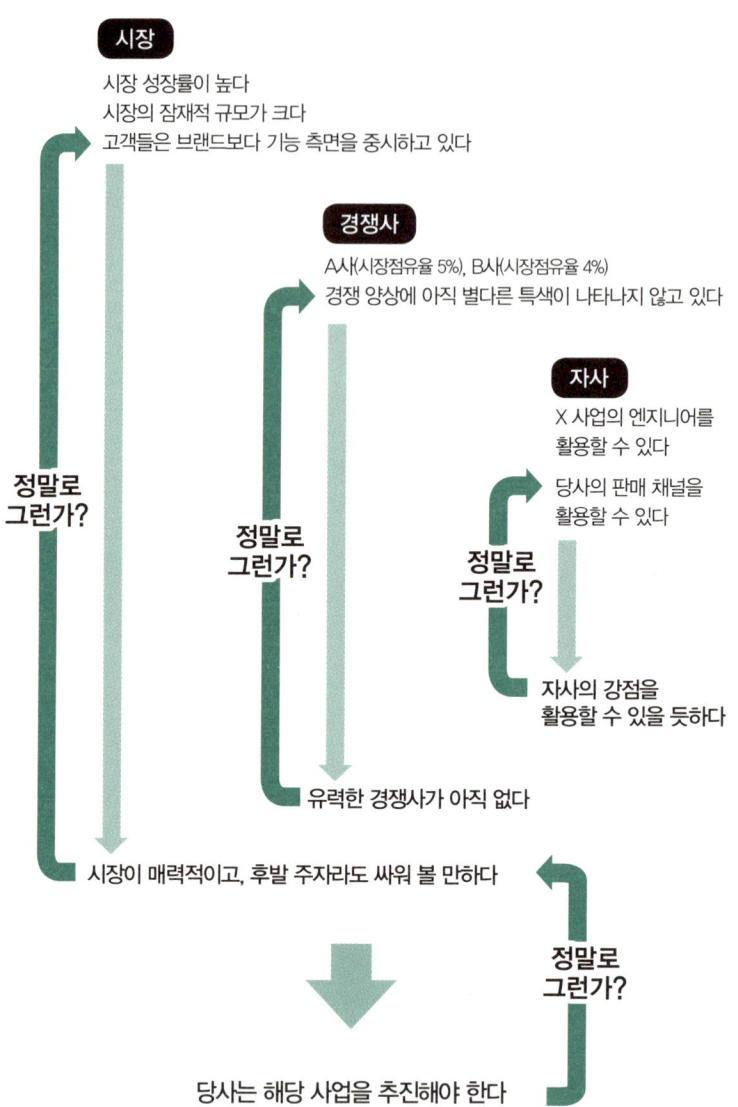

완성된 피라미드 구조

```
                    당사는
                  해당 사업에          ← 당사는 해당 사업에
                  참여해야 한다            왜 참여해야 하는가?
        ┌──────────────┼──────────────┐
   시장의 관점에서    경쟁사의 관점에서    자사의 관점에서
   시장이 매력적이고,  유력한 경쟁사가     자사의 강점을
   후발 주자라도      아직 존재하지      활용할 수
   싸워 볼 만하므로   않는다고         있을 것이므로
                    판단되므로
   ┌───┬───┐      ┌───┬───┬───┐     ┌───┬───┐
```

- 시장 성장률이 높다
- 시장의 잠재적 규모가 크다
- 기능 측면을 중시하고 고객들은 브랜드보다 있다

- A사(시장점유율 5%)
- B사(시장점유율 4%)
- 경쟁 양상에 아직 별다른 특색이 나타나지 않고 있다

- X사업의 엔지니어를 활용할 수 있다
- 당사의 판매 채널을 활용할 수 있다

여러 가지가 존재한다. 하나의 결론이 나왔다고 해서 곧바로 타협해 버리지 말고 '다른 방향은 없는가?'라고 고민하다 보면 더 튼튼한 논리를 세울 수 있다.

> **Point 8** 논점과 관련 있는 정보에서 의미 있는 결론을 추출하고 이를 사실에 비추어 검증하라.

톱다운 방식
: 결론에서 시작한다

 톱다운 방식은 가설을 검증하기 위한 것이다. 그렇다면 가설이란 무엇인가? 가설은 말 그대로 타당한 진리로 인정받기 전에 임의로 내린 결론이다. 사실 이 세상에서 진리라고 여겨지는 것의 대부분은 가설인 경우가 많다.

 한 예로, 백조는 무슨 색이냐고 물어보면 아마도 대부분의 사람들이 하얀색이라고 대답할 것이다. 그러나 이 역시도 가설이다. 누구도 세상에 존재하는 모든 백조를 보지는 못했기 때문이다. 제한된 정보 안에서 '백조'라고 정의된 새는 하얀색밖에 발견되지 않아서 '백조는 하얀색'이라는 결론으로서의 가설이 도출된 것이다. 만일 검은색 깃털을 지닌 백조가 발견된다면 어떻게 될까? 그 순간 '백조는 하얀색'

이라는 가설은 붕괴될 것이다. 이처럼 가설을 뒤집을 수 있는 사실을 가리켜 '블랙 스완'(Black Swan)이라고 한다. 논리는 늘 이런 위험을 지니고 있다. 그렇기에 가설은 지속적으로 검증되어야만 한다.

그렇다면 가설을 검증하기 위해 톱다운 방식으로 논리를 구축하려면 어떻게 해야 할까? 앞서 언급한 '추궁하기' 방식으로 생각해 보면 간단하다.

먼저 '무엇을 이야기할 것인가'를 가지고 논점을 확인한다. 그런 다음 위에서부터 '그래서?'라고 질문해 가면서 결론으로서의 가설을 도출한다.

다음은 '왜?'로 시작하는 추궁하기다. 이는 그 결론에 대한 이유와 원인을 찾기 위한 훈련이다. 도요타나 혼다 같은 곳에서는 현장에서 어떤 실수가 발생했을 때 실수의 원인을 찾기 위해 계속해서 '왜'를 물어보라는 지시가 내려진다. '왜 이런 실수가 발생했는가? 그것은 ……때문이다. 그렇다면 ……은 왜 발생했는가?'라는 식으로 계속해서 파고든다. 이렇게 함으로써 발생한 결과에 대한 원인을 더욱 분명히 한다. 이들이 이렇게까지 파고드는 이유는 사소한 공정 하나에서 발생한 작은 오류가 대규모 리콜 등 엄청난 손실을 미칠 수도 있기 때문이다. 이처럼 원인을 찾아내면 이를 그대로 받아들이는 것이 아니라 '정말인가?', '왜 그런가?'라고 묻고 생각하는 습관을 들이는 것이 중요하다.

마찬가지로 도출된 결론에 대해서도 철저하게 추궁하여 확실한 이유를 준비해야 한다. 또, 이유가 하나뿐이라고는 할 수 없으므로 '그 외에는?'이라는 질문으로 검증의 범위를 넓혀야 한다. 가설을 검증하기 위해 '무엇과 무엇과 무엇에 의한 뒷받침이 필요한가'를 생각하고 틀을 준비하는 것이 중요하다.

마지막 단계는 '정말 그런가?'라는 질문을 통해 사실과 증거를 확인하는 추궁하기다. '그럴듯해 보이는데 정말로 그런가?'라고 생각되는 일은 세상에 넘쳐난다. 현장도 확인해 보지 않고 조사도 제대로 하지 않은 채 결론과 근거를 늘어놓아서는 안 된다. 확실하게 사실을 파악하고 설명하고 있음을 상대방에게 인식시키려면 먼저 스스로 '정말 그런가?'라고 추궁하여 검증한 후에 제시할 필요가 있다.

이런 단계를 거쳐 톱다운 방식의 검증이 이루어진다. 추가적으로 정보가 수집되면 그 정보에 의해 가설이 수정되는 경우도 있다. 톱다운 방식의 검증은 가설이 수집된 정보의 내용에 따라 언제든 바뀔 수 있다는 점을 전제로 한다.

> **Point 9**
> 수집된 정보에 따라 결론이 바뀔 수 있음을 염두에 두고 검증하라.

03

전달의 완성은 '이해'다

나누면
보이지 않던 것이 보인다

앞서 피라미드 구조를 통해 논리를 구성한 다음에는 '이야기'를 만들어야 한다. 어떻게 해야 다른 사람들이 쉽게 이야기를 구성할 수 있을까? 직장에서 간혹 "무엇이 문제인지 모르겠다.", "이야기가 정리가 안 돼서 무슨 말인지 잘 모르겠다." 같은 말을 들어 본 적이 있을 것이다. 상대방에게든 자신에게든 대상을 이해하기 쉽도록 만드는 첫 시작은 '나누는' 것이다. 아무리 복잡한 대상이라도 나누고 분해하면 이해하기가 쉬워진다.

　이는 단어의 유래를 살펴보면 더 분명히 드러난다. 일본어에서 논리(論理)라는 단어의 리(理, ことわり)는 '사물의 줄기, 이치' 또는 '당연한 모습' 등의 뜻을 담고 있는데, 이 글자는 말(言, こと)과 나누다(割,

わり)라는 단어에서 유래한 것이라고 알려져 있다. 즉, 말을 나눈다는 의미다. '리'는 이해(理解)라는 단어에도 사용되는데, 이 '리'에도 나눈다는 의미가 있고 해(解)라는 글자도 나누어 풀이하면 '소를 뿔과 몸으로 떼어 내어 분리한다'는 의미가 있다. '이해'라는 단어가 이 두 글자로 구성되어 있다는 점만 봐도 이해는 말을 나누는 데서 출발한다는 사실을 알 수 있다.

매우 맛있는 스파게티를 먹는다고 상상해 보자. 스파게티가 맛있는 이유를 어디에서 찾을 수 있을까? 어떻게 설명할 수 있을까? 좀처럼 대답하기가 어려울 것이다. 이를 설명하려면 스파게티 요리에 빼놓을 수 없는 세 가지 요소, 즉 면, 소스, 조리 방법으로 구분해서 생각하면 된다. 나아가 스파게티 면은 모양과 종류, 산지 등으로 나눌 수 있고 소스는 토마토소스, 크림소스, 올리브유 등으로, 조리 방법은 면을 얼마나 삶았고 무엇을 넣었고 어떻게 섞었는지 등으로 나눌 수 있다. 이렇게 나누어 생각하면 왜 그 스파게티가 맛있는지를 분명히 설명할 수 있다.

도요타는 이 '나누면 알 수 있다'는 원칙에 따라 사원 교육을 실시한다. 예를 들어 신입사원이 들어오면 연수 기간 내에 자동차 한 대를 완전히 분해하도록 지시한다. 자동차를 일일이 분해해 보면서 자동차의 구조를 직접 눈으로 확인하고 각 부품이 어떤 역할을 담당하고 있는지, 문제가 발생했을 때 어떤 부품이 관계가 있는지 숙지하도록 하는 것이다.

나누어 보면 알 수 있다

매우 맛있는 스파게티

스파게티 면   소스   조리 방법

맛있는 이유를 알았다!

이렇게 생각해 보면 복잡한 사건이나 문제에 부딪혔을 때 가장 먼저 해야 할 일은 문제를 분해하고 나누며 이해하기 쉽게 만드는 것이라 할 수 있다.

Point 10 사물을 자세하게 나누면 쉽게 이해할 수 있다.

이해의 기준은
내가 아닌 상대방이다

살다 보면 비즈니스에서든 일상에서든 자신에게는 당연한 것이 상대방에게는 전혀 당연하지 않은 경우가 많다. 제아무리 똑똑한 교수라도 열 살짜리 아이에게 전문 용어나 알아듣기 어려운 말로 설명한다면 아이는 무슨 말인지 전혀 이해하지 못한다. 아인슈타인은 "여섯 살짜리 아이에게 설명할 수 없다면 당신도 이해하지 못한 것이다."(If you can't explain it to a six year old, you don't understand it yourself) 라는 말을 남겼다. 인류의 역사를 통틀어 가장 천재적인 물리학자의 말에서 우리는 '전달'의 중요성을 다시 생각해 볼 필요가 있다.

논리는 어려우면 아무런 의미가 없다. 이해하기 쉬우니까 논리적이라고 할 수 있고 논리적이니까 이해하기 쉬운 것이다. 당신의 논리가 아무리 완벽하다고 해도 상대방이 알아들을 수 없다면 제대로 논리를 갖추지 못한 것이다. 특히 비즈니스에서는 상대방의 입장을 충분히 고려하여 결론과 근거의 연관성을 잘 전달하는 것이 중요하다.

일본이 가장 신뢰하는 저널리스트이자 영향력 1순위인 시사평론가 이케가미 아키라는 알기 쉽게 설명하는 것으로 매우 유명하다. 하지만 그 역시 처음부터 설명을 잘하는 사람은 아니었다. 그가 설명을 잘하게 된 것은 아나운서 시절 '주간 어린이 뉴스'라는 프로그램에 아버지 역으로 출연하면서부터였다. 이 프로그램을 시작했을 때 그는 아이들에게 뉴스 원고를 보여 주었다. 그리고 아이들에게 무슨 말인지 모르는 부분을 빨간색으로 표시해 달라고 했는데 원고의 대부분이 빨간색으로 채워져 돌아왔다고 한다.

이전에는 비즈니스를 하는 사람이나 전문가들을 대상으로 원고를 써서 어느 정도 추상적이고 전문적인 단어를 사용해도 문제가 없었지만, 대상이 어린이로 바뀐 순간 문제가 달라진 것이다. 아키라는 이런 경험을 통해 상대방이 이해하기 쉬운 단어를 선택하는 데 주의를 기울이게 되었다고 한다.

한편 전달하는 상대에 따라 전달할 내용의 범위 또한 바꿀 필요가 있다. 예를 들어 당신이 열심히 땀을 흘려 가며 산의 정상까지 올라갔는데, 뒤따라오는 동료들에게 전화로 정상까지의 루트를 설명해야 한다고 해보자. 아직 8부 능선에 있는 사람도 있을 것이고 5부 능선에 있는 사람도 있을 것이다. 전화로 등산 루트를 설명해야 한다면 당신은 어떻게 설명하겠는가? 가령 8부 능선에 있는 사람에게 5부 능선의 루트부터 설명한다면 그 사람은 이야기에 흥미를 보일까? 불필요한 설명이 많다고 느낄 것이다. 또 5부 능선에 있는 사람에게 8부 능선부터의 루트를 설명한다면 그들은 먼저 8부 능선까지 가는 길을 알려 달라고 할 것이다.

또 그림으로 이미지화하면 이해가 빨라진다. 모 제조업체에서는 영업사원들이 1인당 100개 이상의 고객사를 상대한다. 이들은 매일 시간과 싸워 가며 영업에 매진하고 있는데, 이런 상황에도 불구하고 고객들의 신뢰가 매우 두텁다고 한다. 그 비결은 바로 '알기 쉽고, 상대방에게 잘 전달되는 설명'이었다. 상품에 관한 어려운 이야기도 고객이 잘 이해할 수 있도록 세세하게 설명하는 힘이 있었던 것이다.

특히 그림은 설명을 이해하기 쉽게 만드는 결정적 요인이었다. 예를 들어 불량물이 상품에 섞이지 않았는지 검사하는 기계를 식품회사에 판매할 때 이 영업사원들은 단순히 말로만 설명하지 않았다. 그들은 종이와 펜으로 고객의 눈앞에서 그림을 그려 가면서 설명한다. 먼저 사각형을 그리고 이를 선으로 연결하여 제조 라인을 그린 다음 이를 고객에게 보여 준다. 그리고 여기에 상품의 흐름을 표시하고 어디에서 어떤 검사가 어떻게 이루어지는지 자세히 설명한다. 고객은 그림을 보면서 원리를 이해하게 되고 나중에는 의견도 제시하면서 함께 그림을 완성해 나간다. 그러면 이야기가 끝날 때쯤에 "내일 제품을 가져오겠습니다."라는 말로 판매가 완료된다는 것이다.

이해의 기준은 내가 아닌 상대방이다

누구에게 전달할 것인지에 따라
전달 범위와 구체적인 내용이 달라진다.

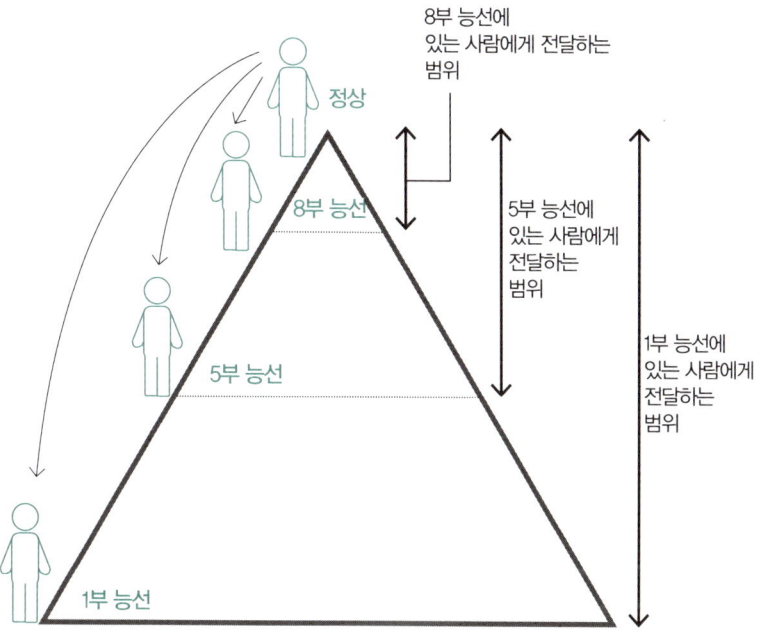

상대방이 서 있는 위치와 상황을
파악한 후 설명해야 한다.

당신도 이런 식으로 '나도 모르게 판매를 당한' 경험이 있지 않은가? 상품을 파는 것이 아닌 고객이 스스로 사게 만드는 것, 이것이 바로 이해하기 쉬운 전달이 지닌 힘이다.

이해하기 쉬운 설명은 상대방의 입장에서 논리를 구축함으로써 가능해진다. 자기만 아는 이야기를 상대방에게 밀어붙이고 있지는 않은지 생각해 보자. 그리고 상대방의 생각과 자신의 생각이 겹쳐질 수 있는 차트나 도표를 준비해 설명해 보자.

> **Point 11** 나만 아는 것이 아니라 누구나 알 수 있는 이야기를 하라.

정보를 한눈에
보이게 만든다

미팅이나 프레젠테이션 도중에 메모한 것을 나중에 다시 봤을 때 '이게 무슨 의미로 쓴 말이지?', '어떤 맥락에서 이런 말이 나온 거였지?'라고 어리둥절해 했던 적이 있는가? 아마 메모를 하는 방법에 문제가 있었거나 들리는 키워드나 단어만을 요약해서 써 놓았을 수도 있다. 이렇게 요점만 간결하게 작성하거나 번호를 붙여 짧게 정리한 메모는 시간이 지난 후에 키워드와 키워드 사이의 연관성을 이해하기 어렵게 된다는 문제점이 있다.

인간은 기본적으로 잘 잊어버리는 동물이다. 한 연구에 따르면 책을 읽었을 때 기억할 수 있는 내용은 전체의 5퍼센트 정도에 불과하다고 한다. 즉, 읽고 들은 것의 95퍼센트는 잊어버린다는 뜻이다. 그렇다 보니 간략한 메모로 키워드를 남기더라도 나중에 보면 뜻 모를 문자만 남아 있을 뿐, 이해하기도 어렵고 기억하기도 어렵다.

논리적 사고를 위한 도식화 툴

기억과 전달을 위한 도구로 효과적인 것이 도식과 차트다. 복잡한 정보를 도식으로 만들면 눈에 보이는 형태가 되어 누가 보더라도 한눈에 알아볼 수 있고 이해하기가 쉽다. 도식화의 기본은 단순하게 사각형과 화살표로 표현하는 것이다.

논리적 사고 또는 비즈니스에서 분석 도구로 자주 활용되는 도식화 도구에는 크게 세 가지가 있다.

- 로직트리: 전체의 구조를 명확히 할 때 사용
- 매트릭스: 비교를 통해 문제나 과제, 경향을 파악할 때 사용
- 프로세스: 시간의 흐름 속에서 빠짐없이 핵심 사항을 파악할 때 사용

비즈니스에 종사하는 사람이라면 이 세 가지 도구는 기본적으로 익혀 두는 것이 좋다. 거의 모든 컨설팅 회사에서는 신입 컨설턴트가 들어오면 이런 분석 도구부터 철저히 학습하도록 훈련시킨다. 예를 들어 '오늘 자신에게 부여된 과제를 트리로 정리하세요', '플랜 A, B, C를 비교해 어느 것에 우선순위를 둘 것인지 분석하세요', 'D사 공급

사슬의 문제점을 분석해 보세요' 등 세 가지 도구를 사용하는 분석에 익숙해지도록 한다.

도식을 사용하여 메모하는 습관을 들이면 회의 때도 화이트보드 등을 이용해 상황을 주도할 수 있고, 고객과 대화할 때도 그 자리에서 고객의 과제를 정리하여 도식화할 수 있는 이점이 있다.

> **Point 12**
> 로직트리, 매트릭스, 프로세스 도구를 이용해 대상을 나누고 분해하면 이해가 쉬워진다.

사각형과 화살표로 정보를 도식화하기

1 A부터 B에는 X를, C에는 Y를, D에는 Z를 적용한다.

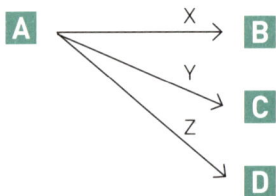

2 A, B, C, D는 사이클을 이룬다.

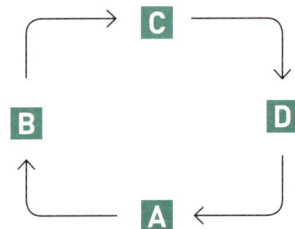

3 A, B, C는 서로 보완관계다.

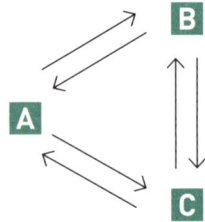

로직트리

(예) 후배 육성 시 고려할 사항의 전체상

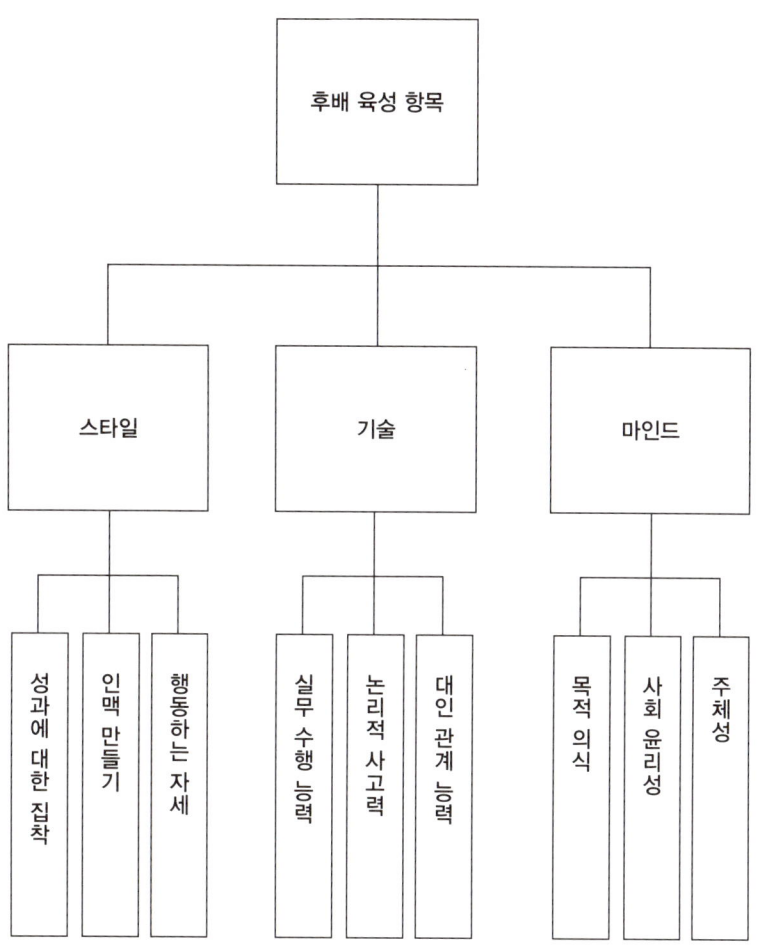

매트릭스

(예) 3사의 제안 내용 비교

항목	A사	B사	C사
견적 금액	500만 엔	300만 엔	450만 엔
내용	여건을 정확히 파악하고 있음	수정 의뢰가 필요	수정 의뢰가 필요
납기	1개월	2주	1개월
회사의 평가	규모가 크고 안정성이 있음	불안정	규모는 작으나 안정성이 있음
담당자의 대응	급한 변경 요구에도 신속히 대응함. 성품도 좋음	연락에 대한 회신이 늦음	대응 능력은 떨어지나 정확한 회신이 돌아옴

프로세스

(예) 신규 고객 획득을 목표로 할 경우

흐름	포인트
신규 고객 리스트 작성	○월 ○일까지 작성
약속 잡기	1일 20건 전화하기
니즈 파악	상품 설명뿐만 아니라 고객의 과제도 정리
제안서 작성	고객이 끌어안고 있는 과제의 해결책을 제시
제안	담당자와 조직을 움직일 수 있도록 함
사후 지원	담당자의 불안을 제거해 줌

▶ 실천을 위한 케이스 트레이닝

　신입 컨설턴트인 다카하시는 선배에게서 인계받은 고객사인 모 리스 회사를 출입 중이다. 이 리스 회사는 대형 은행의 계열사로 국내 시장점유율 3위를 차지하며 다양한 상품을 취급한다. 최근에는 회계 제도의 변경과 국내 경기 불안정 등으로 매년 매출이 감소 추세를 보이고 있다.
　이런 상황에서 다카하시는 이 회사의 사장과 면담 시간을 갖게 되었다. 선배에게서 인계받은 지 얼마 되지 않은 고객사라서 그로서는 사장의 신뢰를 확보하는 것이 가장 중요한 일이었다. 면담에서 사장은 다음과 같은 내용의 이야기를 꺼냈다.

지금까지 전문 리스 회사로서 고객 니즈에 맞춘 다양한 리스 상품을 개발하여 판매해 왔는데, 국내 시장이 축소 경향을 보이고 있어 향후의 성장을 기대하기가 어렵다. 그러나 다른 회사들은 해외 리스 회사를 인수 합병하여 적극적으로 시장을 확대하는 전략을 펴고 있다.

우리 회사는 모회사(은행)와의 관계를 생각하지 않을 수 없다. 모회사는 주주들의 정치적 이해관계 등을 이유로 국내를 벗어나 해외로 나가기를 주저하는 상황이다. 그렇지만 이대로는 시장의 축소와 함께 매출이 감소하여 회사 경영 자체가 위험해질 것이다. 게다가 사원들의 위기의식도 낮고 영어를 잘하는 사람도 적다. 어떻게 하면 좋을까?

만일 당신이 다카하시라면 사장의 신뢰를 얻기 위해 어떻게 대답해야 할까?

해설

당신이 가장 먼저 할 일은 상대방의 입장이 되어 문제와 해결책을 피라미드 구조로 정리한 후 제시하는 것이다. 순서는 다음과 같다.

① 논점을 확인한다

사장이 말하고자 하는 바는 무엇인가? 막연히 '어떻게 하면 좋을까?'라는 추상적인 질문은 논점이 명확하지 못해 대답 역시 초점을 벗어나기 쉽다. 따라서 논점이 무엇인지 질문을 통해 확인하고 명확히 할 필요가 있다.

[실천 예]
다시 말하면 귀사가 해외 진출을 해야 하는지 여부, 그리고 해외로 나간다면 어떤 방법이 있는지가 고민이신 거죠? 그렇게 이해하면 되겠습니까?

② 이야기를 프레임으로 정리한다
그다음에는 사장이 이야기한 사실들을 프레임으로, 즉 체계를 갖추어 정리한다. 추가 질문을 통해 프레임에 포함시킬 정보의 양을 증가시키는 것도 효과적이다. 물론 이쪽이 가지고 있는 정보를 덧붙일 수 있다면 더욱 좋다.

[실천 예]
지금 말씀하신 것을 정리하면 크게 세 가지로 나눌 수 있겠습니다. 첫째는 시장의 동향, 둘째는 경쟁사의 움직임, 셋째는 귀사의 상황입니다. 이런 관점에서 조금 여쭤 보고 싶은데요. 먼저 시장의 동향에 대해서…….

③ 정리한 정보를 바탕으로 각각의 의미를 추출한다

사장의 이야기를 프레임으로 정리하고 거기에 추가적인 정보를 덧붙였다면 다음에는 그 정보에서 의미를 추출하여 사장의 생각과 겹쳐지도록 한다. 이 단계는 상대방을 납득시키는 데 매우 중요하다. 만일 추출한 의미가 사장의 견해와 겹쳐지지 않는다면 사장과 의견을 교환해 가면서 조정해야 한다.

[실천 예]

말씀하신 내용을 바탕으로 다시 정리해 보면, 먼저 시장은 국내 시장이 상당히 포화 상태라서 새로운 수요를 창조하지 않는 한 성장을 기대하기 어렵다고 판단됩니다. 경쟁사들은 그런 국내 시장에 투입할 자원을 줄여 더 성장성이 있는 해외 시장에 진출함으로써 새로운 성장 기회를 찾으려 하고 있고요. 귀사의 경우는 그룹 내 역할 분담의 문제로 국내에서 힘을 발휘해 달라는 요청을 받고 있다고 정리할 수 있겠군요.

④ 결론을 도출한다

추출된 핵심 메시지에서 결론을 이끌어 낸다. 여기서는 한꺼번에 하나의 결론으로 좁히는 것이 아니라 복수의 결론을 이끌어 낸다. 사장이 선택할 수 있는 여지를 제공하고, 자신의 논리를 강요하지 않으면서 상대방의 입장을 반영해 납득할 수 있도록 하는 것이다.

[실천 예]

여기서 이끌어 낼 수 있는 결론은 세 가지 정도가 있습니다. 첫째는 철저히 국내 시장을 고집하는 것인데요. 경쟁사가 해외에 자원을 투입하고 있는 상황에서 역으로 국내 시장에서의 점유율을 끌어올리는 것입니다. 둘째는 모회사에 귀사의 역할 변경을 요청해서 해외 진출의 실마리를 마련하는 것입니다. 마지막 옵션은 다른 그룹 회사와 함께 해외 시장에 진출하는 전략을 수립하는 것입니다.

⑤ 기준을 설정하고 결론을 좁힌다

여러 방향으로 결론이 도출되었으면 그중에서 하나를 선택한다. 이때 선택의 기준을 무엇으로 할 것인지 명확히 하고 가능한 한 사실 정보로 비교하면서 결론을 좁혀 간다.

[실천 예]

이 세 가지 방향 중 어느 것을 선택할 것인지는 귀사의 성장으로 이어질 수 있는가, 사원들의 역량에 부합하는가, 사내 상황의 관점에서 실현 가능한가와 같은 세 가지 관점에서 판단하는 것이 바람직합니다. 이런 관점에서 보면 저는 현 단계에서는 첫 번째 옵션, 즉 국내 시장을 고집하여 경쟁사의 빈틈을 노리는 전략이 가장 적합하다고 생각합니다.

⑥ 이해하기 쉽게 결론에 대한 근거를 제시한다

마지막으로 준비된 결론에 대해 근거를 제시한다. 사장이 제공한 정보와 자신이 알고 있는 사실을 연결하여 피라미드 구조를 바탕으로 이야기를 전개한다.

[실천 예]
이런 결론을 도출한 근거로는 세 가지가 있습니다. 먼저 시장의 관점입니다…….
다만 이 결론은 오늘 들은 말씀을 바탕으로 한 것이라, 사실 정보를 더 수집한 후에 나중에 정식으로 답변을 드리도록 하겠습니다.

이와 같이 고객이 내놓은 의견을 바탕으로 논리를 세우는 과정에서 중요한 포인트는 상대방의 의견, 생각, 그리고 사실 정보를 종합하여 논리를 구축해야 한다는 것이다. 또한 여기서 도출된 결론은 어디까지나 가설이며, 사실 정보를 바탕으로 한 검증이 필요하다는 점을 잊지 말아야 한다.

최종적인 목적은 듣는 사람의 입장에서 '이해하기 쉽게' 만드는 것이다. 자신의 논리를 상대방에게 일방적으로 제시하는 것이 아니라 상대방의 입장에서 꼼꼼하게 논리를 세워 나가려는 자세가 필요하다.

Part 3

논리적 문제 해결이란 무엇인가

_본질을 파악하고 시각화하는 기술

01

프레임워크로 전체상 파악하기

전체를 보지 못하면
진짜 해결이 아니다

　어떤 문제에 해결책을 제시했을 때 "더 넓게 생각해 봐라." 혹은 "그 방법은 근시안적이야."라는 말을 들어 본 적이 있는가? 자신은 완벽한 해결 방안이라고 생각했는데 이런 말을 듣는다면 그처럼 기운 빠지는 일은 없을 것이다. 하지만 분명 제3자가 보기에는 의문점이 많은 불완전한 해결 방법이기에 그런 말이 나온 것이다. 앞서 계속 강조했듯이 논리적인 주장은 내가 아닌 상대방을 이해시키고 충분히 납득시킬 수 있어야 한다.

　한 기업이 상품개발 단계에서 자주 불량품이 발생하는 문제로 고민하고 있었다. 담당자는 그때마다 문제를 해결하곤 했지만 얼마 안 가 또 다른 오류가 발생하곤 했다. 담당자로서는 힘들게 고생해서 만

들어 낸 해결책인데 왜 그런 것일까? 이때는 다음과 같은 이유들을 생각해 볼 수 있다.

- 해결책이 어느 한 부분에 대해서만 적용되고 전체에는 적용되지 못했다.
- 사물을 주관적인 관점에서만 파악한, 근거가 없는 해결책이다.
- 근본적인 해결책이 아닌 피상적인 해결책이다.
- 실행이 불가능한 해결책이다.

비즈니스에서 이런 문제는 매우 자주 발생한다. 많은 이들이 혼자만의 시각에 매몰되어 위와 같은 관점을 놓치곤 한다. 자신이 파악한 문제, 눈에 보이는 문제만을 해결하려고 하기 때문에 몇 번이고 문제를 해결해도 또다시 같은 상황이 벌어지고 만다. 이런 문제 해결은 마치 '두더지 잡기' 게임과도 같다. 이쪽저쪽에서 튀어나오는 두더지를 때려 일시적으로 들어가게만 할 뿐, 정작 근본적인 문제는 해결하지 못하는 것이다.

사람은 본래 자신이 가진 경험과 지식 안에서 사물을 파악하려 하며 특히 새로운 상황에 직면했을 때는 더욱 기존의 경험과 지식을 총동원해서 이해하려고 한다. 이런 경험적 방법은 가설을 설정하여 신속하게 판단하고 실행할 수 있는 장점이 있지만, 자칫 한정된 지식과 경험만을 신뢰한 탓에 섣불리 예단하는 우를 범할 수 있다.

영어가 늘지 않는 이유

최근 기업들의 글로벌화가 진행되면서 영어의 중요성은 점점 더 커지고 있다. 일반 사원들도 외국에 있는 사람과 소통하거나 해외 출장을 갈 기회가 많아져 너도나도 영어 실력 높이기에 여념이 없다. 그런데 아무리 영어 공부를 해도 실력이 늘지 않아 고민이라는 사람들이 많다. 왜 영어가 늘지 않는 것일까? 다니는 학원이 맞지 않아서? 공부 방법이 나빠서? 아니면 공부 시간이 부족해서?

생각할 수 있는 문제는 여러 가지가 있을 것이다. 어떤 이는 다니던 영어 학원을 그만두고 다른 대형 학원으로 옮기는 해결책을 선택했음에도 여전히 영어가 늘지 않았다고 한다. 정말로 그는 최선의 해결책을 선택했던 것일까?

이 경우 그는 영어를 '공부하는' 부분에만 초점을 맞춰 생각하느라 올바른 해결책이 나오지 않았을 수도 있다. 그는 자신이 정말로 외국인과 대화를 나누고 싶어서 공부를 하는 것인지, 대인 관계가 서툴지는 않은지와 같이 마인드와 관련된 부분에 대해서는 생각하지 않은 것이다. 이 점을 깨달으면 문법이나 회화 능력 이전에 커뮤니케이션에 대한 의욕의 결여나 관계에 대한 두려움이 영어 실력의 향상을 방해하고 있는 것은 아닌지 생각해 볼 수 있다.

이처럼 어떤 문제를 해결하고자 할 때는 눈에 보이는 문제나 혼자만의 생각에서 벗어나 벌어지고 있는 문제들의 전체상을 파악해야 한다. 그렇지 않으면 여기저기 구멍이 뚫린 두더지 잡기 식의 해결이 되어 근본적인 문제는 해결할 수 없게 된다. 사물을 바라보는 방식을 바꿔 문제의 전체상을 누락과 중복 없이 파악해야 비로소 문제 해결의 출발점에 설 수 있다.

> **Point 13** 보이는 문제점, 자신이 파악하고 있는 문제점만이 아니라 다방면에서 사물을 파악하라.

누락과 중복 없이
정리하고 분석한다

문제를 해결하기 위해서는 사물의 전체상을 객관적으로 바라볼 수 있어야 한다. 이를 위한 최강의 무기가 바로 프레임워크(framework)다. 프레임은 '틀'이라는 말로 번역할 수 있는데, 즉 누락과 중복 없이 정보를 정리하기 위한 틀이라고 할 수 있다. 누락과 중복이 없는 상태를 영어로는 'Mutually Exclusive and Collectively Exhaustive'라고 하며, 각 머리글자를 따서 'MECE'라고 부른다.

오른쪽 그림을 보자. 그림 A를 보면 형태가 다른 도형이 섞여 있다. 각 형태별로 몇 개나 있는지 숫자를 세어 보자. 그런 다음에는 그림 B에서도 같은 모양을 한 도형의 숫자를 세어 보자. 어느 쪽 그림에서 더 빨리 정확하게 셀 수 있었는가? 당연히 그림 B다. 그 이유는 그림

프레임워크는 전체상을 파악하게 해준다

그림 A 도형들이 제각각 배치되어 있다

정리되어 있지 않으면 상황을 파악하기 어렵다

그림 B 도형들이 형태별로 분류되어 있다

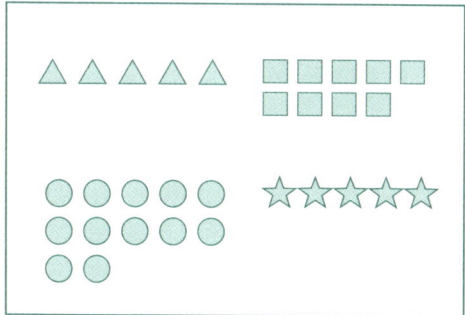

프레임으로 정리하면 이해가 쉬워진다

B에 제시된 모양이 규칙에 따라 그룹으로 분류되어(Grouping) 있어서다.

프레임워크는 이처럼 흩어져 있는 정보나 사물을 정리하는 틀을 만드는 것이다. 프레임을 만들면 막연해 보이는 상황이나 무작위로 수집된 정보들이 정리되어 중요한 의미나 과제, 법칙이나 가능성을 발견할 수 있다. 프레임에는 많은 종류가 있는데 이는 뒤에서 더 자세히 설명할 것이다. 여기서는 어떤 시점에서 어떻게 프레임을 활용해야 하는지에 대해 생각해 보고자 한다.

프레임워크를 만들 때는 다음 세 가지 규칙을 따라야 한다.

규칙 1. 흔들리지 않는 기준을 정한다

먼저 대상을 어떻게 나눌 것인지 생각한다. 프레임은 어떤 기준을 정하느냐에 따라 달라진다. 예를 들어 당신이 속한 부서의 구성원을 여러 기준을 이용해 분류해 보자.

- 성별: 남성, 여성
- 연령별: 20대, 30대, 40대, 50대 이상
- 직종별: 영업, 엔지니어, 사무 기타
- 직위별: 부장, 과장, 대리, 사원

기준이 흔들리면 '남성, 여성, 대리'와 같은 분류가 될 수도 있다. 그러면 남성과 여성이라는 성별 기준과 대리라는 직위별 기준이 섞여 중복이 발생하고 동시에 누락되는 경우도 생긴다.

규칙 2. 계층이 중복되지 않도록 한다

프레임의 요소로 표현되는 단어의 크기나 개념의 수준을 맞춘다. 예를 들어 국가별로 분류하는데 '한국, 중국, 도쿄'라고 한다면 한국과 중국은 나라 이름이지만 도쿄는 도시 이름이라 크기가 맞지 않는다. 이때는 도쿄가 아니라 일본이라고 해야 개념의 수준이 일치한다. 특히 생각에 편견이 들어갈 때 계층이 어긋나기 쉽다. 항상 전체를 보려고 하면서 그 구성 요소가 기준으로 정한 크기와 수준을 충족하고 있는지 검토할 필요가 있다.

계층의 중복을 막는 방법으로는 한 번에 여러 개의 요소로 나누지 않는 것과 단일한 기준으로 분류하는 것이 있다. 예를 들어 슈퍼마켓의 매출을 분류해 보자. 슈퍼마켓의 매출을 구성하는 요소에는 어떤 것이 있을까? 먼저 기준이 필요하다.

- 상품을 기준으로 할 때: 품목별, 가격별, 생산지별, 이익별 등
- 매장을 기준으로 할 때: 면적별, 입점 연수별, 지역별 등
- 고객을 기준으로 할 때: 연령별, 가족 구성별, 구입 금액별, 구입 빈도별 등

'두 가지'로 나눠라

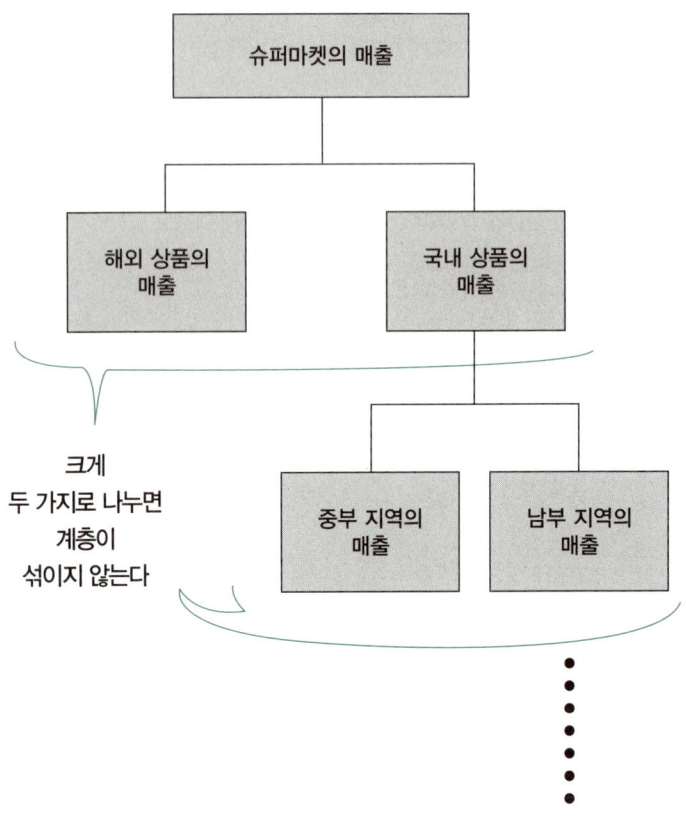

 가령 상품의 생산지라는 기준으로 분류한다고 해보자. 논리적이지 못한 사람은 바로 영남, 호남, 충청 등 세부적인 요소를 가지고 생각하려 할 것이다. 그러나 이렇게 한 번에 여러 가지를 생각하지 말

고 먼저 두 가지로 나눌 수 있는지를 살펴보는 것이 바람직하다. 생산지를 크게 두 가지로 나누면 국내와 해외로 나눌 수 있다. 그리고 국내를 크게 두 가지로 나누면 중부와 남부로 나눌 수 있다. 해외는 아시아와 아시아 이외 정도가 될 것이다. 이처럼 크게 두 가지로 나누고 이를 다시 두 가지로 나누는 과정을 반복하면 계층이 섞이는 것을 방지할 수 있다.

규칙 3. 단어의 정의를 명확히 한다

우리는 뭔가를 해석할 때 서로 같은 것을 봤다고 해서 똑같은 의미로 받아들이지는 않는다. 통에 물이 절반 정도 차 있는 것을 보고 '절반이나 남아 있다'고 생각하는 사람이 있는가 하면, '절반밖에 없다'고 생각하는 사람도 있다. 따라서 설명을 할 때 모두가 같은 의미로 해석하게 하려면 '통에 물이 절반 있다'가 아니라 '통에 물이 50퍼센트 담겨 있다'라고 객관적으로 정의해야 한다.

어떤 보고서에 '당사의 인재 능력이 떨어지고 있다'는 문장이 있었다고 하자. 이 문장은 너무 추상적이다. 인재 능력은 구체적으로 어떤 능력을 뜻하는가? 그중에 무엇이 언제부터 떨어졌는가? 떨어지고 있다는 것은 정확히 어떤 상황인가? 더 객관적이고 명확한 표현으로 나타내야만 서로 다르게 해석하는 우를 범하지 않는다. 단어의 정의를 명확히 하는 것은 논리적 사고법에서 매우 중요한 기술이다.

여기서 설명한 세 가지 규칙은 문제 해결에 있어 매우 중요한 관점이다. 그리고 다른 사람에게 자신의 생각을 전달할 때 의식해야 할 점이기도 하다. 기준이 애매하지 않은지, 계층이 섞이지 않았는지, 단어의 정의가 명확한지 등 스스로 질문을 해보면서 누락과 중복이 없는 프레임을 세워야 한다.

Point 14 MECE로 누락과 중복 없이 전체상을 파악하라.

다양한 기준으로
현상을 파악한다

앞서 '물이 절반이나 남았다', '절반밖에 남지 않았다'처럼 하나의 상황은 받아들이는 사람에 따라 상반된 의미로 해석될 가능성이 있다. 그래서 문제 해결력이 뛰어난 사람은 여러 개의 기준을 가지고 다양한 측면에서 상황을 분석한다.

장난감 회사 반다이에서 출시된 미니카 브랜드 부브(Voov)도 기존과는 다른 기준으로 상품을 개발하여 크게 히트한 사례다. 장난감 모형 자동차인 미니카는 경쟁사 다카라토미가 시장의 80퍼센트를 차지할 정도로 절대적이었다. 반다이의 미니카 개발 담당자는 어떻게 하면 그 아성을 무너뜨릴 수 있을지 고민했다. 기존의 방식으로 접근해서는 도저히 상대가 되지 않았다.

고민 끝에 그는 경쟁사와는 전혀 다른 관점, 즉 새로운 기준을 생각해 냈다. 바로 '다카라토미의 미니카는 변신하지 않지만 반다이의 미니카는 변신한다'는 발상이었다. 기존에는 존재하지 않았던 새로운 기준을 찾아낸 것이다. 이 참신한 발상에서 경찰차를 뒤집으면 스포츠카가 나오고 검은색 밴이 휜 앰뷸런스로 바뀌는 '변신 미니카 부브'가 탄생했다.

문제의 전체상을 파악하거나 기존에 없는 발상을 할 수 있느냐는 얼마나 다양한 기준으로 사물을 볼 수 있느냐에 달려 있다. 즉, '질'보다 '양'이 중요하다. 대상을 파악하는 기준을 가능한 한 많이 생각해 낼수록 더 많은 가능성이 보인다.

앞서 예로 든 슈퍼마켓의 경우를 다시 생각해 보자. 당신은 어느 대형 슈퍼마켓 체인의 경영기획실장이다. 전국에 매장을 두고 오랫동안 성장해 왔는데 최근 반년 정도 매출 목표를 달성하지 못했고 오히려 매월 감소하는 상황이다.

이 경우 문제를 발견하려면 먼저 매출이 하락하는 지역이 어디인지 확인해야 한다. 전체적인 그림을 파악하기 위해 먼저 프레임워크로 생각해 보자. 예를 들어 오른쪽 그림처럼 매출을 분류하는 기준을 모두 찾아낸다. 상품, 타깃이 되는 고객, 종업원, 영업일 등으로 나누는 것이다. 그리고 각각의 기준별로 세부적인 기준을 만든다. 그런 후에 상품, 매장, 고객을 기준으로 프레임을 만들고 무엇이 팔리지 않는지를 조사한다.

이렇게 가능한 한 다양한 기준으로 분류하면 매출의 양상을 자세히 파악할 수 있다. 그리고 기준별로 나눈 매출을 과년도와 비교해 보면 가령 작년에 비해 매출이 큰 폭으로 하락한 부분을 발견할 수 있을 것이다. 한 예로 리먼 쇼크(2008년 미국의 투자은행 리먼 브라더스의 파산과 이후 이어진 글로벌 금융위기-옮긴이) 이후 도요타 자동차의 판매가

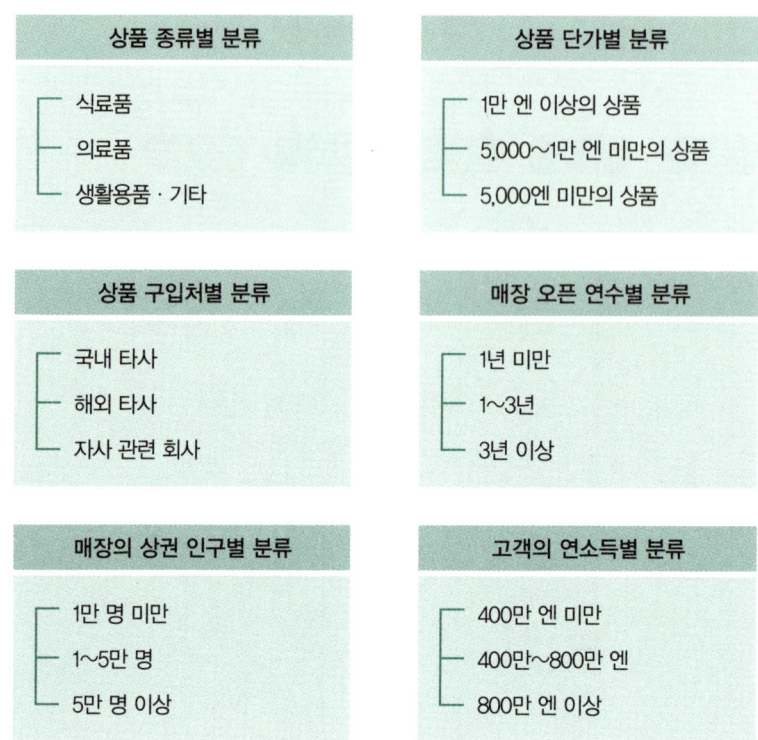

큰 폭으로 하락한 경우를 살펴보자. 오른쪽 그림처럼 지역별로 판매 대수를 구분해서 살펴보면 대폭 하락한 곳은 북미와 유럽 지역이고 그 외 다른 지역과 일본에서의 판매는 그다지 하락하지 않은 것을 알 수 있다.

이처럼 대상을 전체적으로 파악했을 때와 기준을 정해 프레임으로

리먼 쇼크 이후 도요타 자동차의 지역별 판매 대수 추이

(단위: 천 대)

지역	2008	2009	
북미	2,441.8	1,975.4	−466
중남미	370.2	293.6	−77
유럽	1,119.5	886.0	−234
아프리카	288.1	201.4	−87
아시아	1,438.6	1,533.9	+95
오세아니아	277.7	231.2	−47
중동	590.1	482.5	−108
일본 내 판매 합계	1,470.0	1,375.5	−95

글로벌 판매 대수 합계

【2008】 7,996
↓
【2009】 6,980

−1,016

출처: 도요타 자동차 홈페이지

북미와 유럽에서의 감소가 두드러지고 일본 내에서는 거의 변화가 없다.
아시아에서는 오히려 증가하는 추세를 보인다.

나누었을 때 보이는 것은 다르다. 이는 문제와 해결책을 발견하는 데 중요한 관점을 제공한다.

감도가 좋은 기준, 감도가 나쁜 기준

그런데 기준을 정하고 대상을 분류했는데도 문제가 발견되지 않는다면 어떻게 해야 할까? 그럴 때는 다른 기준을 세워 다시 파악해 봐야 한다. 상품의 가격별로 매출을 분류해 살펴보았는데 문제의 원인에 대한 가설을 세우기가 어렵다면, 기준을 바꿔 고객 연령별로 나누거나 매장의 업태별로 나눠 보면 새로운 경향을 발견할 수도 있다.

이처럼 문제의 발견과 가설 수립을 용이하게 하는 기준을 '감도가 좋은 기준'이라고 부른다. 반대로 문제의 발견과 새로운 가설 수립에 그다지 제 역할을 못 하는 기준을 '감도가 나쁜 기준'이라고 한다. 될 수 있는 한 감도가 좋은 기준을 골라 대상을 분류할 수 있어야 문제 해결력이 향상된다.

일본의 최대 편의점 체인인 세븐일레븐은 매장에 잘 팔리는 상품을 진열하는 데 모든 역량을 집중한다. 고객이 사고 싶은 물건이 준비되어 있지 않아 생기는 기회손실은 소매업에서는 절대 있어서는 안 되는 일이다. 이를 위해 세븐일레븐은 회전율을 기준으로 잘 팔리는 상품과 그렇지 않은 상품을 명확히 구분하고 있다. 팔리지 않는 상품으로 판단된 상품은 일정 시기가 되면 매장에서 사라지는데, 박스에 들어 있는 과자 같은 경우는 약 3주일이면 바뀐다고 한다.

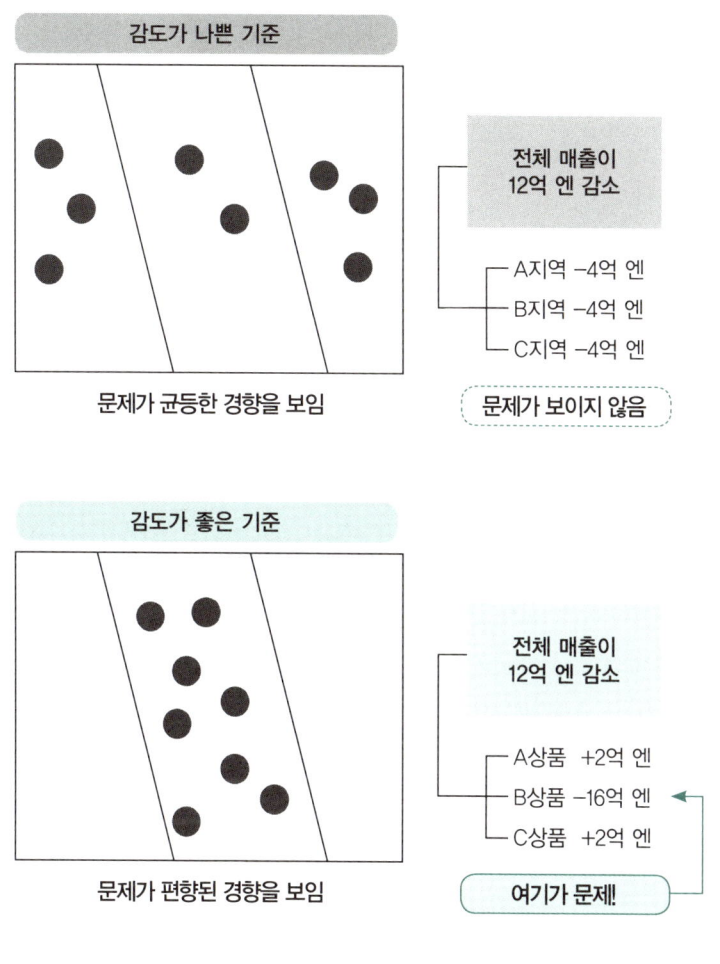

문제를 특정할 수 있는 기준을 발견하는 것이 중요하다.

관점을 바꿔서 기준을 발견하라

다양한 기준을 세우기 위해서는 많은 훈련이 필요하다. 얼마나 다양한 기준을 세울 수 있느냐는 스스로 갇혀 있는 관점에서 벗어나 얼마나 다른 관점으로 사물을 바라볼 수 있느냐에 달려 있다. 사물을 다르게 바라보려면 말 그대로 관점(觀點), 즉 바라보는 위치를 바꿀 수 있어야 한다.

입장이 바뀌면 상황을 대하는 시각도 달라지곤 한다. 어린 시절 잔소리라고만 여겼던 부모님의 말씀이 나중에 자신이 부모가 된 뒤에 귀중한 충고였다는 걸 깨닫게 되는 것과 같다. 또, 개발 담당자가 영업 업무를 경험하면 고객의 입장에서 자사의 제품을 바라볼 수 있게 되는 것도 마찬가지다. 실제로 입장을 바꿔 보았을 때 비로소 깨닫게 되는 일들이 많다. 엔고가 일본의 수출 기업에게는 이익이 줄어드는 어려운 상황을 가져오지만 수입이 많은 기업이나 여행사에게는 그다지 나쁜 상황을 초래하지 않는 것처럼 말이다. 사물에는 반드시 좋은 면과 나쁜 면이 함께 존재한다. 따라서 양 측면을 모두 파악하려면 항상 다른 기준, 새로운 관점에서 대상을 바라보려고 노력해야 한다.

타사나 타 업계를 살펴보는 것도 관점을 바꾸는 데 참고가 된다. 예를 들어 경쟁이 치열한 음료 시장이나 자동차 시장은 상품 개발에서 생각할 수 있는 모든 기준을 적용한다. 천연수 하나만 보더라도 용량과 용기의 모양을 비롯해 친환경을 지향하는지, 아프리카 같은 개발도상국에 지원을 하는지, 덤이 붙어 있는지 등 세세한 부분에 주의를 기울여 관찰하는 것만으로도 다양한 기준을 찾을 수 있다.

기준을 많이 만들어 낼 수 있는 사람은 평소에도 관점을 바꿔 사물을 바라보는 습관을 가지고 있다. 고객의 입장, 거래처의 입장, 상사와 부하직원, 후배의 입장, 사장의 입장 등 평소 생활에서도 일부러 방향을 바꿔 바라보는 연습을 하는 것이 좋다.

> **Point 15**
> 다른 각도에서 사물을 바라보라. 그래야 사물을 입체적, 다면적으로 파악할 수 있다.

프레임이 그려지지 않을 때는
'대비'를 활용한다

앞서 프레임워크란 누락과 중복 없이 나누는 것이라고 설명했다. 하지만 여기에도 문제는 있다. 과연 이 프레임이 누락과 중복이 없는 것인지 판단할 수 없는 경우다. 예를 들어 회의가 비효율적이라는 생각이 들 때 왜 그런 현상이 나타나는지에 대해서는 다음과 같은 프레임으로 정리해 볼 수 있다.

- 의제에 대해
- 회의 참가자에 대해
- 장소에 대해
- 시간, 횟수에 대해

이 네 가지 요소로 과연 프레임이 완성된 것일까? 주제 자체가 추상적이거나 주제에 대한 정보량이 적을 때는 한 번에 3~4개의 프레임으로 만드는 것이 매우 힘들 수 있다. 이럴 경우에는 앞서 두 가지로 나누는 방식처럼 '대비'의 개념을 활용하면 효과적이다. '회의의 비효율성'이라는 주제를 다음과 같은 대비 프레임으로 만들면 누락과 중복이 없는지 판단하기가 쉽다.

- 내/외: 회의의 안(내부)에서 발생하는 문제와 회의의 밖(외부)에서 발생하는 문제
- 하드/소프트: 형식적(기술적) 측면의 문제와 내용적 측면의 문제
- 비용/효과: 회의에 들어가는 비용의 문제와 효과의 문제

대비의 개념은 듣는 사람이 받아들이기 쉽다는 장점이 있다. 처음 들어 보는 프레임보다 익숙한 프레임으로 정리되어 있을 때 이해하기가 쉬운 법이다. 대비의 개념을 적극적으로 활용해 문제를 찾아내거나 설명하는 훈련을 하도록 하자.

프레임워크의 3가지 형식

프레임워크에는 더하기 형식, 곱하기 형식, 순열 형식의 세 가지가 있다. 어떤 형식이든 간에 누락과 중복 없이 작성해야 하는 것에는 변함이 없다.

대비되는 단어를 활용하라

▶ 일반적으로 자주 사용되는 대비 개념

내 · 외	공격 · 수비	장점 · 단점
상 · 하	전체 · 부분	멀다 · 가깝다
좌 · 우	밀다 · 당기다	대 · 소

▶ 비즈니스에서 자주 사용되는 대비 개념

유형 · 무형	진하다 · 옅다	프로 · 아마추어
형식 · 내용	자사 · 타사	인공 · 자연
단기 · 장기	하드 · 소프트	수입 · 지출
동(動) · 정(靜)	아날로그 · 디지털	공급 · 수요
증가 · 감소	주관 · 객관	승리 · 패배
플러스 · 마이너스	고정 · 변동	흑백 · 컬러
출(出) · 입(入)	공격 · 수비	⋮
정성 · 정량	생산 · 소비	
고 · 저	개인 · 법인	
가볍다 · 무겁다	보수 · 혁신	
풀(pull) · 푸시(push)	비싸다 · 싸다	

① 더하기 형식

더하기 형식은 지금까지 설명해 온 방식의 프레임워크다. 대상을 구성 요소들의 집합체로 보고 전체를 구성하는 요소들로 프레임을 만든다. 예를 들어 기업을 부서별로 분류하는 것은 더하기 형식이라고 할 수 있다. 모든 부서를 더하면 그 기업 전체가 된다. 앞서 소개한 슈퍼마켓의 경우 상품을 식료품, 의료품, 생활용품과 기타로 구분했는데 이 역시 더하기 형식이라 할 수 있다.

더하기 형식으로 분류하면 사람은 여성과 남성으로 나뉘고, 햄버거는 빵, 고기, 채소, 소스로 나뉠 것이다. 더하기 형식은 프레임워크의 기본 형식이라고 할 수 있다.

② 곱하기 형식

곱하기 형식은 각각의 독립된 변수들을 곱함으로써 전체를 구성하는 개념이다. 예를 들어 매출을 분류하는 경우라면 다음과 같이 나타낼 수 있다.

매출 = 단가 × 수량
     = 시장의 총수요 × 시장점유율
     = 평균 주문 단가 × 주문 횟수
     = 평균 단가 × 고객 수
     = 영업사원 1인당 평균 매출 × 영업사원 수

더하기 형식에 비하면 다소 익숙하지 않은 방식일 것이다. 이는 '평균'의 개념이 들어가기 때문인데, 매출같이 고정되지 않은 수치일 경우 매출을 구성하는 기준을 정하고 예를 들어 평균을 찾아 그 기준의 총수를 곱하면 프레임으로 나타내는 것이 가능하다. 예를 들어 슈퍼마켓이라고 하면 다음과 같이 나타낼 수 있다.

매출 = 매출 / 매장 (=매장 당 평균 매출) × 매장 수

= 매출 / 계산대 (= 계산대 별 평균 매출) × 계산대 수

= 매출 / 면적 (= m^2당 평균 매출) × 면적(m^2)

③ 순열 형식

순열 형식은 사물을 시간의 흐름으로 파악하는 프레임이다. 순열 형식을 적용하면 문제가 언제 발생했는지 시간 순서로 나누어 파악할 수 있다. 예를 들어 제조업의 경우 업무 흐름을 순열 형식으로 구분하면 '연구개발 → 조달 → 생산 → 판매 → 사후관리'로 정리할 수 있다. 이렇게 시간 순서로 나누어 어디에서 문제가 발생했는지, 어디가 병목 지점인지 파악하는 것이다.

슈퍼마켓의 경우라면 '구매 → 진열 → 판매'의 흐름을 통해 구매 단계에서 매력적인 상품을 구입하지 못했는지, 판매 단계에서 프로모션이 부족했는지 등을 파악할 수 있다. 가령 곱하기 형식인 '고객 수× 단가'로 보았을 때 고객 수가 줄어들었다면 상품 구매까지의 흐름 중

더하기, 곱하기, 순열 형식으로 나타낸 프레임

더하기 형식

곱하기 형식

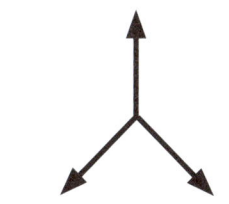

순열 형식

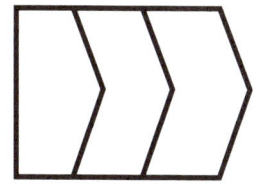

어디에 문제가 있는지를 순열 형식으로 분석할 수 있다.

　이렇듯 여러 가지 프레임을 이용해 대상을 구분하면 어느 부분에 문제가 있는지(어떤 기준이 감도가 좋은지)를 파악하기 쉽고 문제와 해결책 역시 쉽게 발견할 수 있다.

> **Point 16**　프레임은 먼저 '대비'를 통해 생각하라. 그러고 나서 더하기, 곱하기, 순열 형식으로 프레임을 세워 누락과 중복 없이 생각하라.

▶ 실천을 위한 케이스 트레이닝

　인터넷 통신판매로 화장품을 판매하는 A사는 신규 사업으로 어떤 상품의 판매를 시작했다. 2012년 급성장을 달성해 연 매출액이 60억 엔에 이르렀지만, 2013년에는 매출이 하락해서 54억 엔에 그쳤다.

　A사는 매출이 하락한 원인이 무엇인지 알기 위해 매출을 기존 고객과 신규 고객으로 나누고, 2012년과 2013년도의 수치를 분석하기 위해 정보를 수집한 다음 프레임워크를 세워 알아보기로 했다.

　다음 표에 제시된 수치를 가지고 생각해 보자. 참고로 비즈니스에서 자주 사용되는 환경 분석과 과제의 체계화에 활용할 수 있는 프레임워크 12가지를 제시했다.

A사의 통신판매 사업 매출 데이터

수집된 데이터

	매출	신규 고객 수	기존 고객 수	신규 고객 매출	기존 고객 매출	신규 고객 매출/회	기존 고객 매출/회
2012년도	60억 엔	10만 명	20만 명	20억 엔	40억 엔	1만 엔	1.5만 엔
2013년도	54억 엔	8만 명	22만 명	12억 엔	42억 엔	1만 엔	1.5만 엔

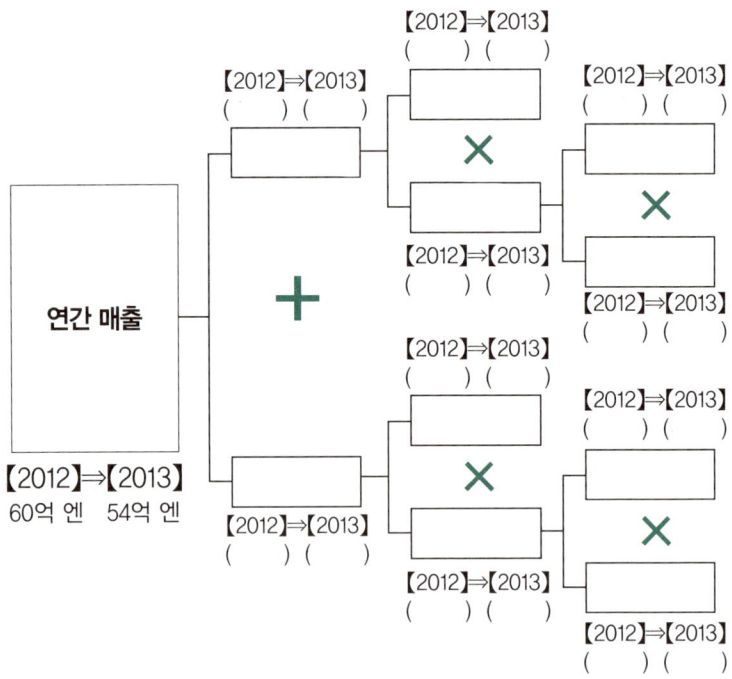

140 로지컬 씽킹의 기술

프레임워크를 이용한 분석

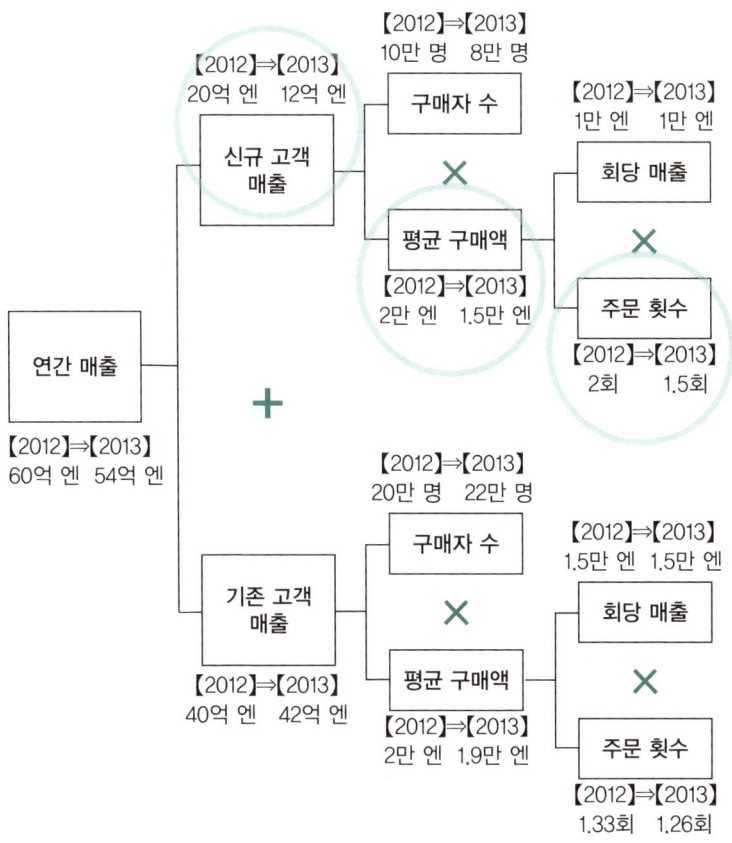

가설   신규 고객의 재구매 감소가 매출 감소에 큰 영향을 미치고 있다.

외부 환경 분석 프레임

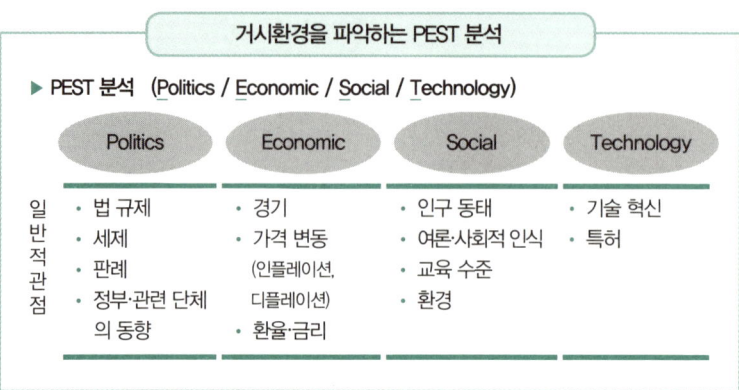

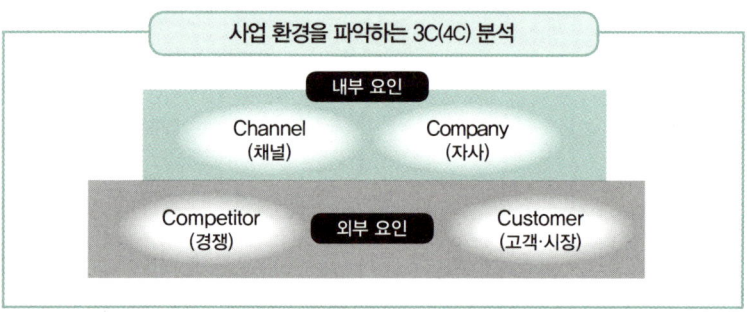

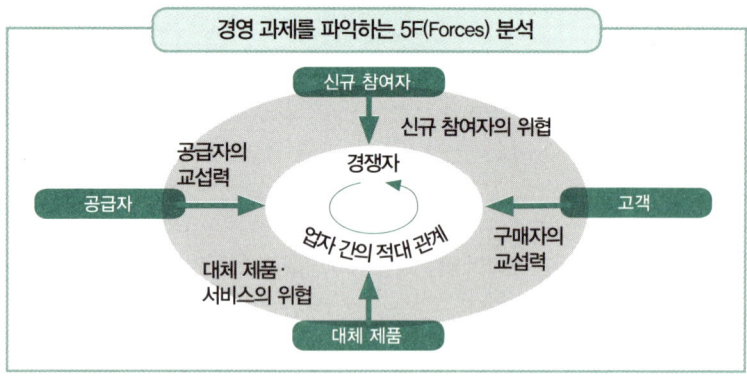

사내 경영 과제 발견을 위한 프레임

기업 경영 전체의 과제를 파악하는 7S 분석

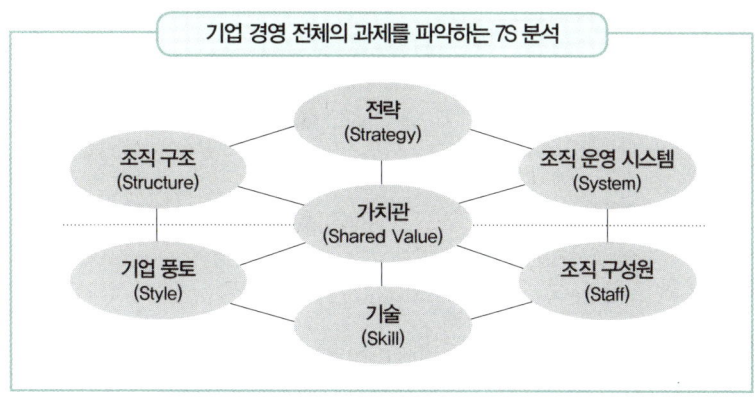

업무 과제를 파악하는 비즈니스 체계

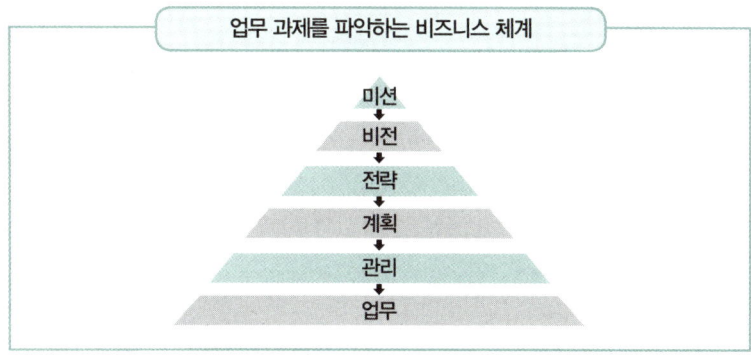

업무 과제를 파악하는 비즈니스 시스템 분석

기업 전체인지 하나의 사업인지를 선택한다. 그 제품(상품)·서비스가 어떤 형태로 만들어지고 판매되며 사후관리가 되는지 일련의 흐름을 5단계에서 10단계 정도로 구분한다.

일반적인 제조업의 경우

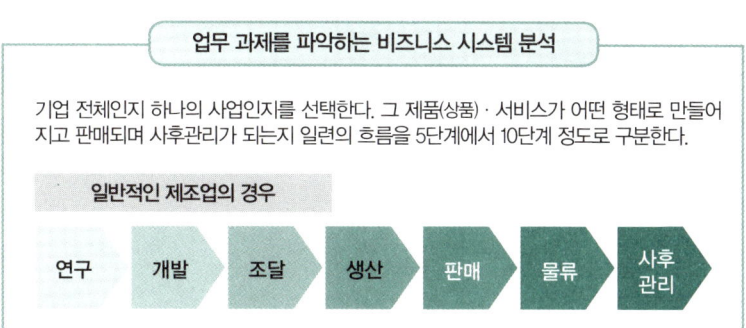

마케팅 과제 발견을 위한 프레임

마케팅 과제를 분석하는 4P

Product(제품)
품질, 기능 특성, 옵션, 스타일, 브랜드명, 포장, 크기, 서비스, 보증, 반품 가능성 등

Price(가격)
정가, 할인, 이익 폭, 지불 기간, 지불 조건 등

Place(유통)
유통 경로, 판매 영역, 입지 조건, 재고, 배송 등

Promotion(판매 촉진)
광고(AD), 판매 촉진(SP), 홍보(PR), 인적 판매 등

고객의 구매 심리 프로세스

▶ AIDMA 프레임워크

| Attention(인지) | Interest(흥미) | Desire(욕구) | Memory(기억) | Action(행동) |

▶ AISAS 프레임워크

| Attention(인지) | Interest(흥미) | Search(검색) | Action(행동) | Share(공유) |

상품 판매 촉진의 과제를 파악하는 제품수명주기(PLC, Product Life Cycle) 분석

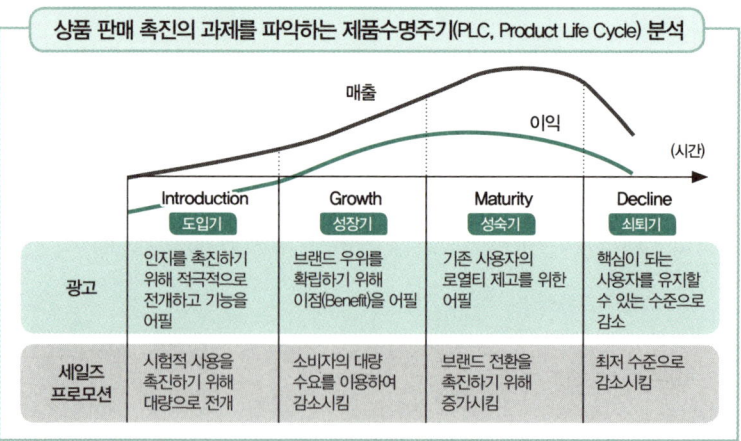

	Introduction 도입기	Growth 성장기	Maturity 성숙기	Decline 쇠퇴기
광고	인지를 촉진하기 위해 적극적으로 전개하고 기능을 어필	브랜드 우위를 확립하기 위해 이점(Benefit)을 어필	기존 사용자의 로열티 제고를 위한 어필	핵심이 되는 사용자를 유지할 수 있는 수준으로 감소
세일즈 프로모션	시험적 사용을 촉진하기 위해 대량으로 전개	소비자의 대량 수요를 이용하여 감소시킴	브랜드 전환을 촉진하기 위해 증가시킴	최저 수준으로 감소시킴

분석 결과에 따른 사업의 방향성 판단을 위한 프레임

사실 정보로부터 가설을 도출하는 SWOT 분석

1단계 사실 정보를 수집한다

사내	❶ 강점 (Strength)	❷ 약점 (Weakness)
사외	❸ 기회 (Opportunity)	❹ 위협 (Threat)

2단계 사실 정보에서 방향성을 도출한다

❶×❸ 강점을 바탕으로 기회를 살리기 위해 (　　　)한 접근이 필요

❶×❹ 강점을 바탕으로 위협에 대응하기 위해 (　　　)한 접근이 필요

❷×❸ 약점 때문에 기회를 놓치지 않도록 (　　　)한 접근이 필요

❷×❹ 약점과 위협으로 인해 최악의 상황을 초래하지 않기 위해 (　　　)한 접근이 필요

사업의 방향성을 파악하는 앤소프 매트릭스(Ansoff Matrix)

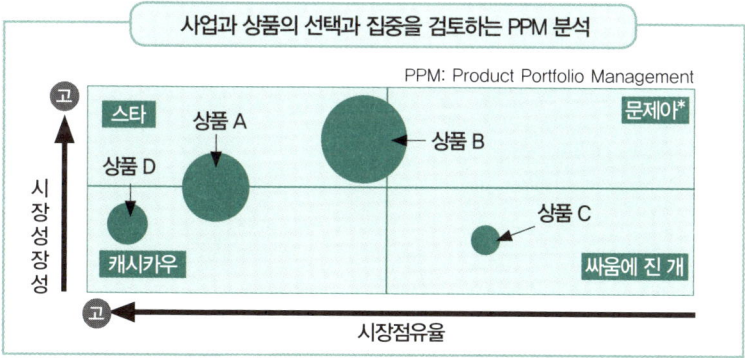

		상품 분야	
		기존	신규
목표시장	기존	고객 심경	교차 판매
	신규	횡적 전개	신규 사업

사업과 상품의 선택과 집중을 검토하는 PPM 분석

PPM: Product Portfolio Management

(시장성장성 / 시장점유율 축에 스타, 문제아*, 캐시카우, 싸움에 진 개 / 상품 A, B, C, D)

* '스타'가 될 확률과 '싸움에 진 개'가 될 확률이 반반인 상태로서 '물음표'(Question Mark)로 표기하기도 한다. 참고로 스타는 수익성과 성장성을 모두 갖춘 상품을 가리키며, 캐시카우는 수익성은 갖췄지만 성장성이 모자란 상품, 싸움에 진 개는 수익성과 성장성이 모두 없는 상품을 말한다.

02

문제를 발견하고 해결하는 로직 프로세스

'무엇이'
진짜 문제인가?

프레임워크는 앞서 설명한 것처럼 여러 개의 기준을 통해 문제와 해결책을 찾아내는 도구다. 그렇다면 여러 가지 기준 중에서도 상황에 적절한 기준을 찾아내려면 어떻게 해야 할까?

기준은 무엇을 '목적'으로 하느냐에 따라 결정된다. 예를 들어 각종 문구로 가득 찬 서랍을 정리한다고 생각해 보자. 먼저 정리하기 쉽도록 물건을 분류한다. 분류 방법은 다양할 것이다. 제조사별, 용도별, 크기별 등 많은 분류 기준이 존재한다. 이때 어떤 기준을 선택할지 고민하지 말고 먼저 서랍을 정리하는 '목적'을 설정한다. 정리의 목적이 '자주 사용하는 물건을 꺼내기 쉽도록 하는 것'이라면 이럴 때 선택할 수 있는 기준은 용도별도 아니고 제조사별도 아닌 '사용 빈도'가 될 것이다. 혹은 목적이 '용도별로 사용하기 쉽게 하는 것'이라면 필요한 기준은 '용도'가 될 것이다.

이처럼 무엇을 이끌어 낼 것인가라는 목적에 어울리는 기준으로 대상을 바라보면 어디에 문제가 있고 문제가 왜 발생했으며 해결책으로는 어떤 것이 있는지 폭넓게 파악할 수 있다.

문제를 시각화하는 로직트리의 사용

먼저 문제를 구체적으로 시각화하기 위한 도구를 알아보자. 첫 번째 도구는 앞서 잠깐 언급한 바 있는 '로직트리'다. 이름에서 알 수 있듯이 나무 모양으로 전체 그림을 나타내는 방식이다.

한 그루의 나무는 굵은 그루터기가 있고 거기에서 큰 가지가 뻗어 나온다. 그리고 큰 가지는 몇 개의 작은 가지로 나뉜다. 이처럼 이런 구조는 전체를 한눈에 볼 수 있고 인과관계를 나타낼 수 있어 '로직트리'라고 부른다. 전체상을 파악하는 도구로서 로직트리를 만들 때는 위쪽 계층을 구성하는 요소를 누락과 중복 없이 구분해야 한다.

로직트리에는 다음과 같은 세 가지 종류가 있다.

① WHAT 트리

이 로직트리는 구성요소를 파악하는 트리로, 구성요소를 누락과 중복 없이 정리할 때 사용한다. 문제 해결의 프로세스에서는 WHAT 트리를 사용해 '어떤' 문제가 있는지를 파악한다. 앞서 케이스 트레이닝

로직트리의 구조

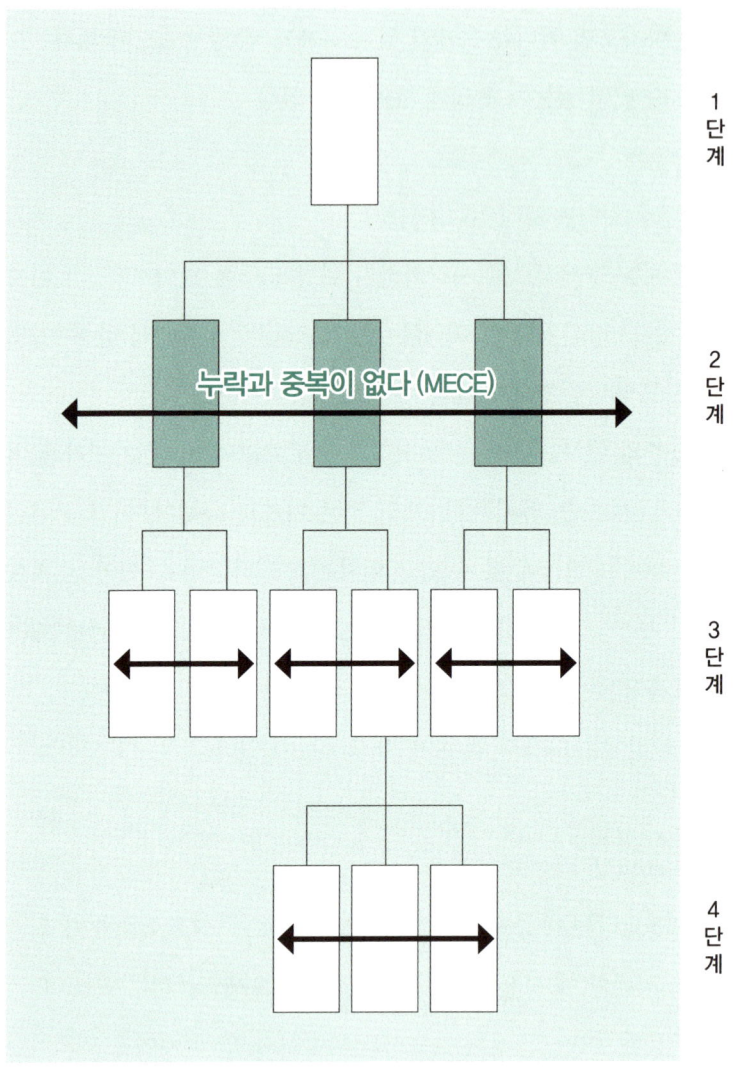

에서 작성한 트리가 바로 WHAT 트리에 해당한다.

한 예로, 소니가 발표한 2011년도 결산에 따르면 2,000억 엔이 넘는 적자가 발생했다. 그 원인이 무엇인지를 정확히 파악하기 위해 WHAT 트리를 사용하면 다음 페이지와 같은 그림이 그려진다. 이 그림처럼 사업 분야를 기준으로 소니의 사업을 정리하여 각각 손익을 살펴보면 TV 사업을 가지고 있는 CPS 분야가 대폭 적자를 내고 있어서 전체 적자에 크게 영향을 미치고 있음을 알 수 있다. 소니의 적자가 늘어난 가장 큰 원인이 여기에 있다고 생각할 수 있다.

이처럼 WHAT 트리를 사용하여 전체 그림을 나타내면 문제를 명확히 파악하고 대처할 수 있다. WHAT 트리는 매출과 같은 정량적인 테마뿐만 아니라 정성적인 문제의 구조를 분석하는 데도 활용할 수 있다.

예를 들어 '영업 목표를 달성하지 못했다'는 문제의 경우, 그 문제를 구성하고 있는 요소로는 어떤 것을 생각할 수 있을까? 한 영업 담당자는 그 원인으로 기존 고객에 대한 추가 판매가 안 되고 있는 점을 지적했다. 하지만 과연 그것이 원인의 전부일까? 기존 고객에 대한 추가 판매가 안 되고 있다면 '신규 고객의 개척이 안 된다'는 점에도 눈을 돌려야 할 것이다.

이처럼 상황의 전체적인 그림을 한눈에 파악할 수 있게 해주는 WHAT 트리는 문제를 해결하는 과정의 첫걸음이다. 다음 페이지 그림처럼 고객 조사를 할 때도 WHAT 트리를 사용하면 전체상을 확인

WHAT 트리로 파악한 소니의 2011년도 결산

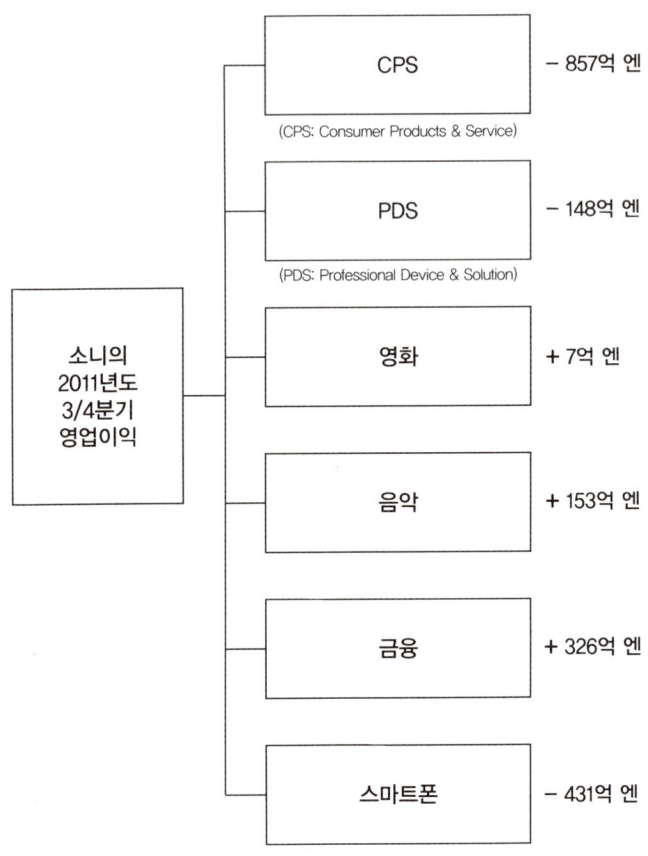

사업별로 손익을 분류하면 TV 사업을 끌어안고 있는 CPS 분야의 영업이익이 전체 수익 악화에 영향을 미치고 있음을 알 수 있다.

출처: 소니 IR 자료를 근거로 작성함

전체 그림을 파악하는 WHAT 트리

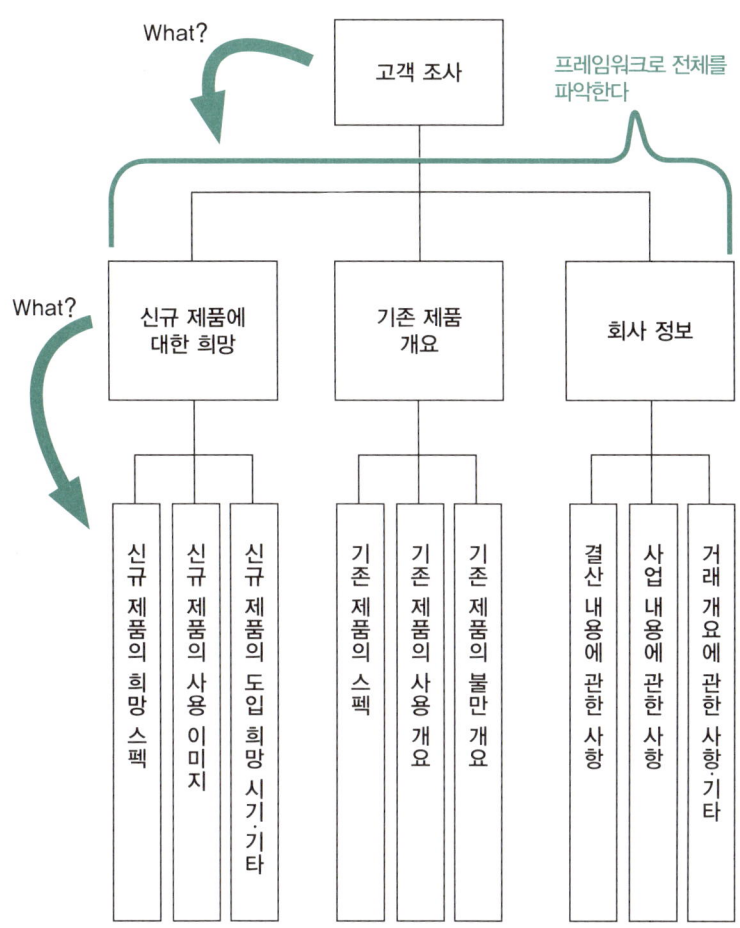

- **POINT**
  '무엇인가?'(what)라고 반복해서 질문함으로써 구성 요소를 명확히 한다!

하는 데 매우 유용하다.

② WHY 트리

대처해야 할 문제가 파악되었다면 다음은 WHY 트리를 활용한다. 이것은 문제나 결과적으로 발생한 '현상'과 '원인'을 파악할 때 사용하는 도구로, '왜?'를 반복하면서 인과관계를 정리할 수 있다.

문제는 크게 현상으로 보이는 것과 그것이 발생하게 된 원인 두 가지로 나눌 수 있다. 현상의 문제를 깊이 파고들지 않고 표면적으로 대처하는 데 그치면 근본적인 원인이 제거되지 않아 동일한 문제가 다시 발생하는 악순환에 빠지고 만다. 원인 파악을 위한 WHY 트리 활용이 중요한 이유가 여기에 있다. WHY 트리의 활용 방법에 대해서는 뒤에서 더 자세히 알아볼 것이다.

③ HOW 트리

해결해야 할 과제의 실행을 위해 '어떻게?'를 반복하여 구체적으로 무엇을 해야 하는지 해야 할 일의 전체상을 파악하는 트리다. 과제를 실행하는 방법은 한 가지만 있는 게 아니다. 선택할 수 있는 여러 가지 대안을 제시하여 전체를 바라볼 수 있어야 비로소 다른 사람의 이해와 동의를 이끌어 낼 수 있다. HOW 트리 역시 뒤에서 더 자세히 설명하겠다.

비교와 판단을 위한 매트릭스의 활용

두 번째 도구는 '매트릭스'다. 매트릭스는 가로축과 세로축을 이용해 사물의 요소들을 정리하는 도구로서 비교와 우위 관계를 이해하는 목적으로 사용한다.

우리는 사실 비즈니스뿐만 아니라 일상생활에서도 무의식중에 이런 매트릭스 기법을 자주 사용하고 있다. 예를 들면 고가의 노트북이나 카메라 등을 구매할 때 상품들 각각의 사양과 디자인의 장단점을 한눈에 보고자 '비교표'를 만드는 경우도 이에 해당한다. 가로축에는 노트북 기종을 적고, 세로축에는 가격이나 사양, 디자인 등에 관한 내용을 적어 서로 비교하는 것이다. 그러면 어느 회사의 어떤 노트북이 우수한지, 어떤 단점을 가지고 있는지 한눈에 파악할 수 있어 합리적인 쇼핑을 할 수 있게 된다.

비단 물건을 살 때만 매트릭스를 적용할 수 있는 것은 아니다. 비즈니스에서 매트릭스는 기업이나 시장이 당면한 문제와 그에 따른 해결책을 쉽게 찾을 수 있도록 도와준다. 가령 당신이 매출을 높이기 위해 고심 중인 미용실 체인의 CEO라고 해보자. 매출 증대를 위해 어떤 전략을 펼칠 것인가? 가장 먼저 해야 할 일은 아마도 경쟁사의 전략을 비교 분석하는 일일 것이다.

다음 페이지 표는 남성 전용 저가 미용실 체인으로 유명한 QB하우스가 다른 미용실과 어떤 점에서 다른지를 매트릭스로 표현한 것이다. 이런 비교를 통해 대상을 더 자세히 이해할 수 있고 차이를 명확

비교와 판단을 위한 매트릭스

QB하우스의 전략

항목	QB하우스	일반 남성 전용 미용실(업계 평균)
가격	1,000엔	2,000~5,000엔
예약 담당	공석 센서 장치를 이용하므로 불필요	필요
각종 서비스	커트 외 서비스 없음	두피 마사지 등
헤어 관리	없음	있음
위생	물을 사용하지 않으므로 위생적	위생적 환경에 대한 배려가 필요
대기 시간	서비스 제외를 통해 단축	30분~1시간
커트 시간	10분 내외	1시간 내외
머리 감기	에어워셔 시스템으로 시간 단축	샴푸와 트리트먼트
지향	기술 지향	감성 지향

- 바쁜 비즈니스맨을 위해 철저하게 기능 측면에 초점을 맞춰 시간을 단축하는 전략
- 10분/1,000엔을 실현

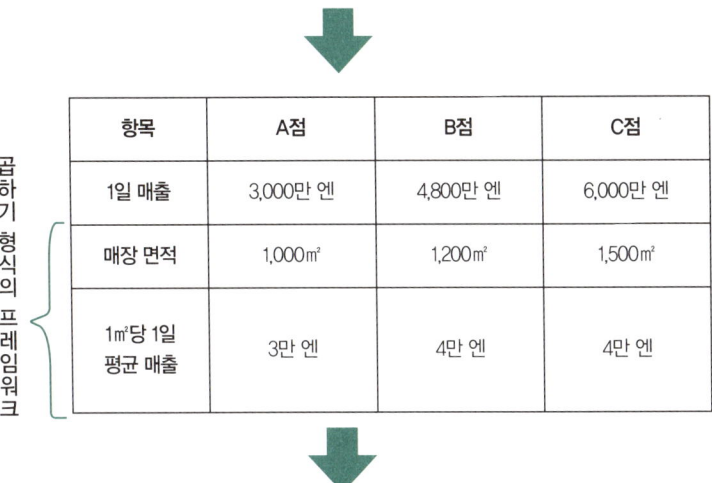

히 파악할 수 있다. 잊지 말아야 할 점은 비교 시 '누락과 중복이 생기지 않는' 기준을 정해야 한다는 것이다.

문제 해결을 위해서는 먼저 진짜 문제가 무엇인지 '발견'할 수 있어야 한다. 그런 문제는 매트릭스를 이용하여 철저히 비교하지 않는 한 잘 보이지 않는다. 매트릭스를 통해 구체적인 기준을 정하고 비교해봄으로써 문제와 과제를 분명히 알 수 있다.

> **Point 17** WHAT 트리와 매트릭스로 전체상을 파악해 문제를 발견하라.

문제의 '원인'은
무엇인가?

여기서는 앞서 언급한 WHY 트리에 대해 살펴보고자 한다.

문제 해결에서 가장 빠지기 쉬운 함정이 상황을 막연하게 파악하고 진단해 버리는 것이다. 예를 들어 고객들의 불만 제기가 상당히 늘어나고 있다, 최근 영업력이 떨어지고 있다, 판매관리비가 꽤 늘어나고 있다 등 같은 막연한 진단으로는 진정한 원인을 찾아낼 수 없다.

고객들의 불만 제기가 늘어나고 있다면 진단에 앞서 구체적인 분석이 필요하다. 무엇에 대한 불만이 늘어난 것인지, '상당히'라는 것은 몇 퍼센트, 몇 건이 증가한 것인지, 언제부터 늘어나기 시작했는지, 이전에는 고객들의 불만에 어떻게 대처했는지 등을 구체적인 수치와 사실로 파악해야 한다.

영업력이 떨어진 경우라면 영업력에 대한 용어의 정의가 먼저 이루어져야 한다. 영업력 같은 추상적인 개념은 사람에 따라 다르게 받아들일 수 있다. 앞서 받아들이는 것에 따라 해석에 혼란이 발생할 수 있다고 한 것처럼 모두가 똑같이 해석할 수 있는 정확한 정의가 필요하다. 현상을 제대로 파악하기 위해서는 항상 표현의 정확성에 신경 써야 한다.

또한 고객의 불만 제기가 늘어나고 있다는 문제는 자사의 상품과 서비스가 고객의 기대치를 넘어서지 못하고 있기 때문이라고도 파악할 수 있다. 이를 도식으로 표현하면 다음과 같다.

고객의 불만 제기 증가
= 고객의 기대치 〉 자사의 상품과 서비스

위 도식에 따르면 문제의 원인을 찾기 위해서는 첫째, 고객의 기대치가 과도하게 올라간 것인지 파악하고 둘째, 자사가 제공하는 상품과 서비스의 가치가 하락한 것인지 등의 가설을 바탕으로 생각해 봐야 한다.

도요타나 혼다 같은 제조업체는 발생한 현상이나 문제에 대한 원인을 찾을 때 '왜'를 다섯 번 반복하는 습관이 있다고 한다. 보이는 원인뿐만 아니라 더욱 깊이 숨어 있는 원인을 찾아내기 위해서다. 도요타처럼 다섯 번까지는 아니더라도 보이는 원인을 그대로 받아들이지 말고 항상 '정말 그런가?', '왜 그렇지?'라고 생각하는 습관을 들이는 것이 중요하다.

이처럼 여러 가설을 바탕으로 근본적인 원인을 찾아내는 것은 비단 문제 해결에만 국한되지 않는다. 평소에 TV나 신문 등을 볼 때도 그 내용의 배경을 파악하고 자기 나름대로 내용을 다시 구성해 보거나 이유를 생각하다 보면 사물을 다면적으로 파악하는 습관을 기를 수 있다.

WHY 트리는 원인과 결과의 인과관계를 정리하여 원인을 깊게 파고듦으로써 표층적인 원인이 아니라 본질적인 원인을 찾아낼 수 있도록 해준다. 여기서 말하는 본질적인 원인이란 그것을 해결함으로써 발생한 문제 모두를 해결할 수 있는 원인을 뜻한다. 문제는 여러 가지인데 해결에 활용할 수 있는 자원은 한정되어 있기 때문에 효율적으로 대처하려면 모든 문제의 인과관계에 줄기를 뻗고 있는 진정한 원인을 찾아야 한다.

근본적인 원인을 찾기 위해서는 인과관계를 파악하고 '왜'를 반복하면서 가설과 함께 분석해야 한다. 먼저 같은 문제가 발생하고 있는 다른 현장이나 상황과 비교하여 공통점을 파악하는 것이 가장 빠른 길이다. 그리고 근본 원인이라고 생각되는 것을 다른 현장에 적용하여 검증해 본다.

이런 단계를 거쳐 근본 원인이라는 확신이 들면 문제 제거를 위한 해결책을 검토한다. 때로는 근본 원인이라고 생각했던 문제가 사실은

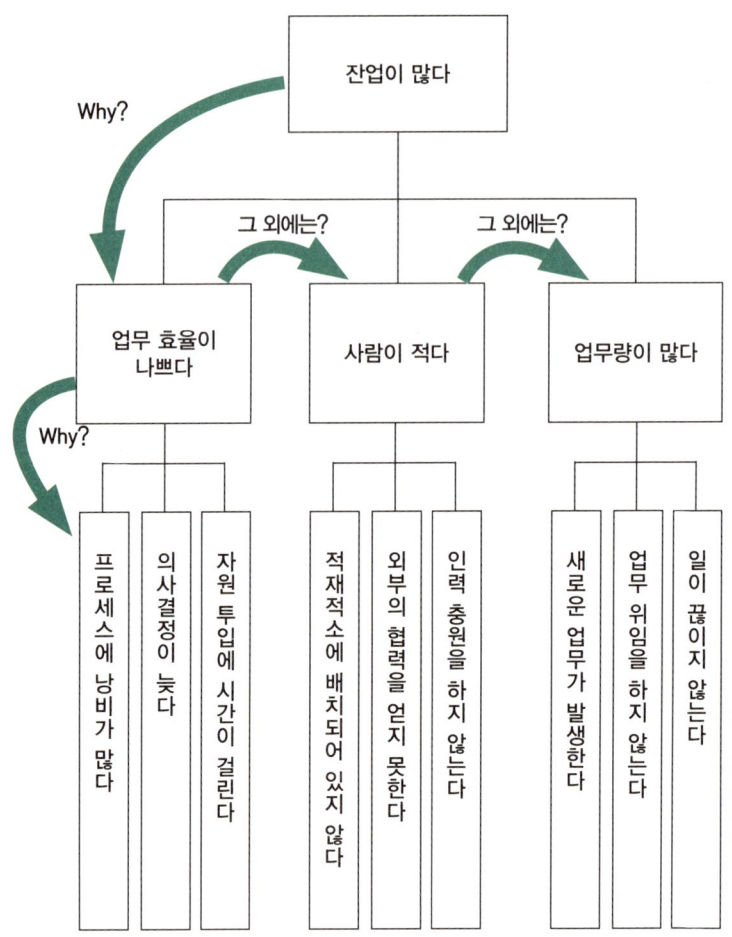

POINT

'왜?', '그 외에는?'을 반복하여 문제의 원인을 찾아라.

그렇지 않은 경우(하위 문제)도 있다. 원인 파악에는 늘 그와 같은 위험이 있으므로 이를 의식하면서 문제를 철저하게 관찰하고 검토하는 것이 중요하다.

> **Point 18** WHY 트리를 사용하여 '왜'를 반복하면서 진정한 원인을 파악하라.

문제를 '어떻게'
해결할 것인가?

문제의 전체상을 파악하고 근본 원인을 찾아낸 다음에는 해결책을 검토한다. 이때 '어떻게?'를 반복해서 구체적으로 무엇을 해야 하는지 해결책의 전체상을 파악하게 해주는 도구가 바로 HOW 트리다.

문제에 대처하는 방법은 한 가지만 있는 게 아니다. 다른 사람을 설득하는 경우에도 여러 가지 대안을 열거하여 전체를 볼 수 있게 하는 것이 효과적이다. 해결책을 도출할 때는 다음 세 가지 점에 유의하도록 한다.

- 떠오르는 대로 해결책을 결정하지 말고 가능성을 넓힌다.
- 목적에 대해 효과적인 해결책을 이끌어 내는 데 집중한다.

- 관련된 사람들이 납득하고 실행할 수 있는 내용을 구체적으로 제시한다.

HOW 트리를 작성하여 해결책을 끌어낼 때는 표현 방법에도 신경 써야 한다. 주어와 서술어가 명확한 문장으로 표현되어야 하며 과제와 직결되는 실효성이 있어야 한다. 또한 단어는 공감을 불러일으키는 것이어야 한다. 해결책을 평가하고 실행에 옮기려면 주변 사람들의 이해와 협력이 필요하다. 단순히 논리만을 중시하다 보면 사람들의 공감을 끌어내지 못해 현실적으로 실행되지 않을 수도 있다.

인사부에 소속된 한 사원이 '사원의 동기부여'를 과제로 설정했다고 가정해 보자. 그가 그려 낸 해결책의 도출 방향은 '설문 조사를 실시한다', '분석한다', '해결책을 결정하고 실행한다'는 것이었다. 하지만 이렇게 하면 사원의 동기부여가 제대로 이루어질까?

표현 방법을 생각하면서 로직트리를 재구성해 보자. 먼저 과제의 표현부터 바꿀 필요가 있다. '사원의 동기부여'라는 표현을 좀 더 구체화하여 '젊은 사원들이 회사와 고객에게 공헌하고자 하는 의욕을 높이는 방법'이라고 쓰는 것이다. 그리고 해결책 도출 방법은 '현재 무엇이 문제인지를 파악한다', '사원의 의욕을 높이는 것이 무엇인지 분명히 한다', '성과를 낼 수 있는 해결책을 확실히 실행한다'라고 작성한다.

이렇듯 단순히 내용을 구체화하는 것만으로도 무엇을 해야 할지가

해결책을 이끌어 내는 HOW 트리

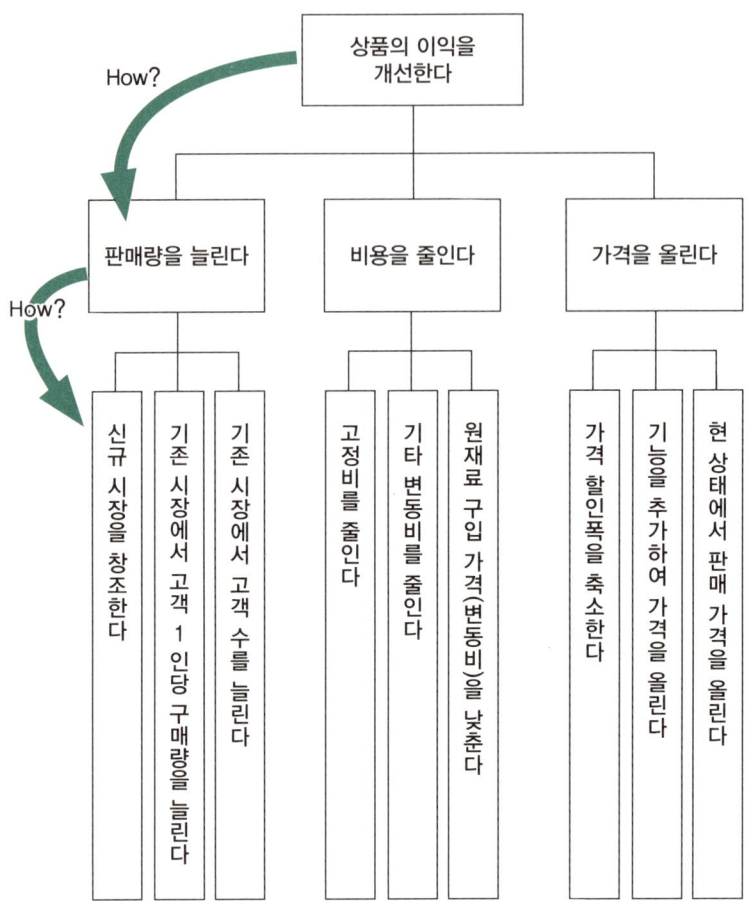

POINT
- MECE를 의식하면서 구체성, 실현성을 의식하며 작성한다.
- 누가 무엇을 할 것인지 확실히 작성한다.

분명해지고 사람들의 실제적인 행동을 이끌어 낼 수 있다. 사람은 논리만으로 움직이지 않는다. 많은 이들이 공감할 수 있고 실현 가능한 내용일 때 비로소 사람을 움직일 수 있다.

'무엇이 → 왜 → 어떻게'로 이어지는 문제 해결

WHAT 트리, WHY 트리, HOW 트리를 사용해서 문제를 해결하는 일련의 흐름을 다음 페이지에 제시해 놓았다. 그림에 따르면 먼저 WHAT 트리로 문제의 전체 그림을 정리하고 WHY 트리로 원인을 파악한다. 그리고 문제의 핵심이라고 생각되는 원인을 어떻게 해결할 것인지 HOW 트리를 이용하여 대책을 이끌어 내고 실행으로 옮긴다.

이렇게 '무엇이, 왜, 어떻게'의 순서로 사고를 전개하는 것이 로직 트리를 활용한 문제 해결의 흐름이다.

Point 19 공감을 부르는 HOW 트리로 사람의 마음을 움직여라.

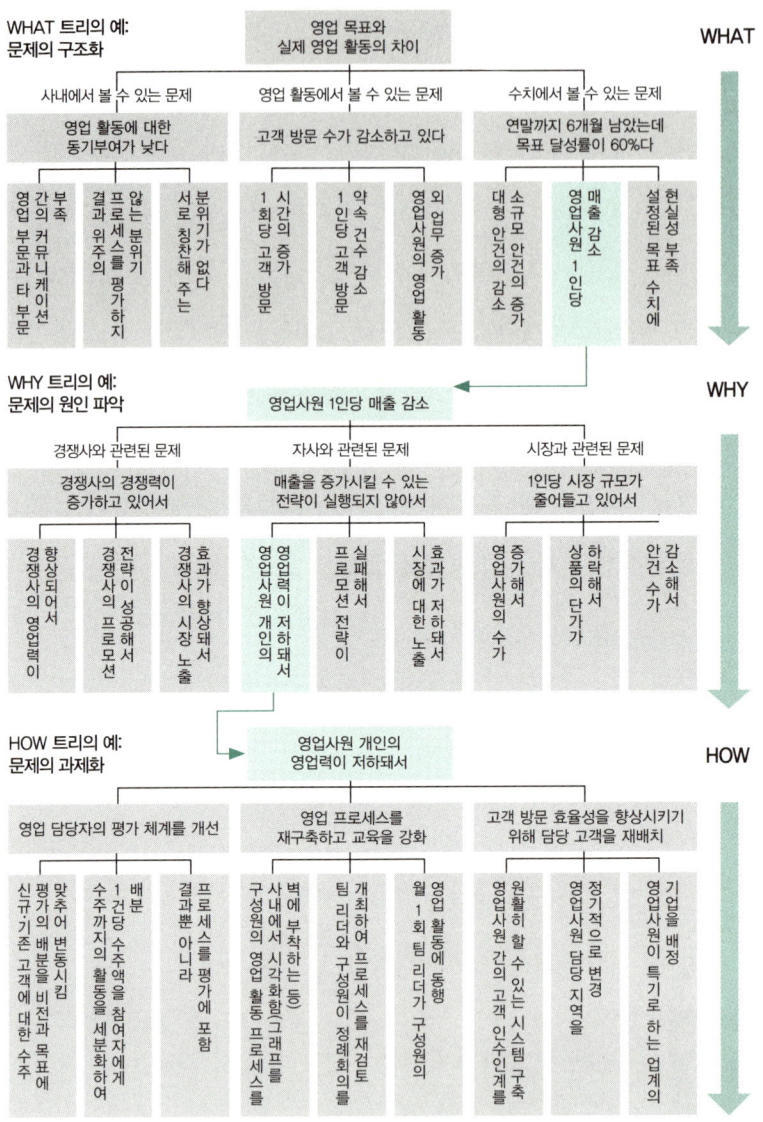

▶ 실천을 위한 케이스 트레이닝

　인터넷 통신판매로 화장품을 판매하는 A사는 매출 하락의 원인이 신규 고객의 구매가 재구매로 이어지지 않는 데 있다고 보았다. 이를 바탕으로 '신규 고객이 재구매하도록 하기 위해서는?'이라는 해결 과제를 설정하고 HOW 트리를 이용하여 해결책을 강구하기로 했다.
　담당자의 입장이 되어 이 과제에 대한 HOW 트리를 작성해 보도록 하자.

HOW 트리의 작성

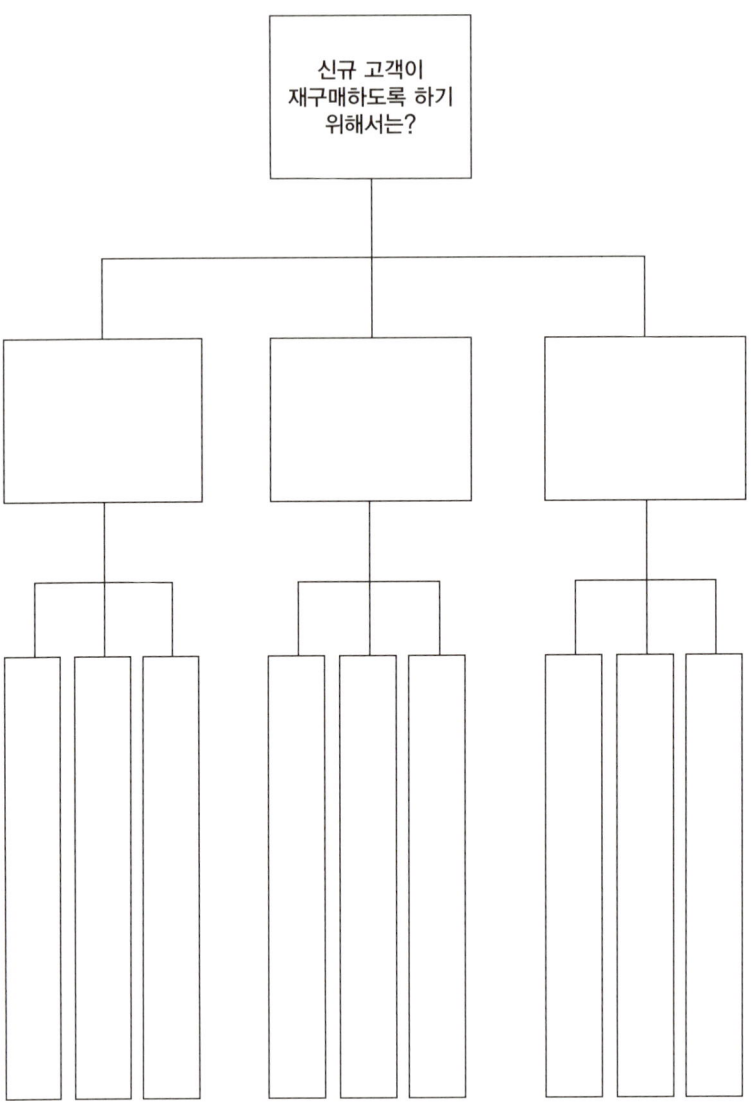

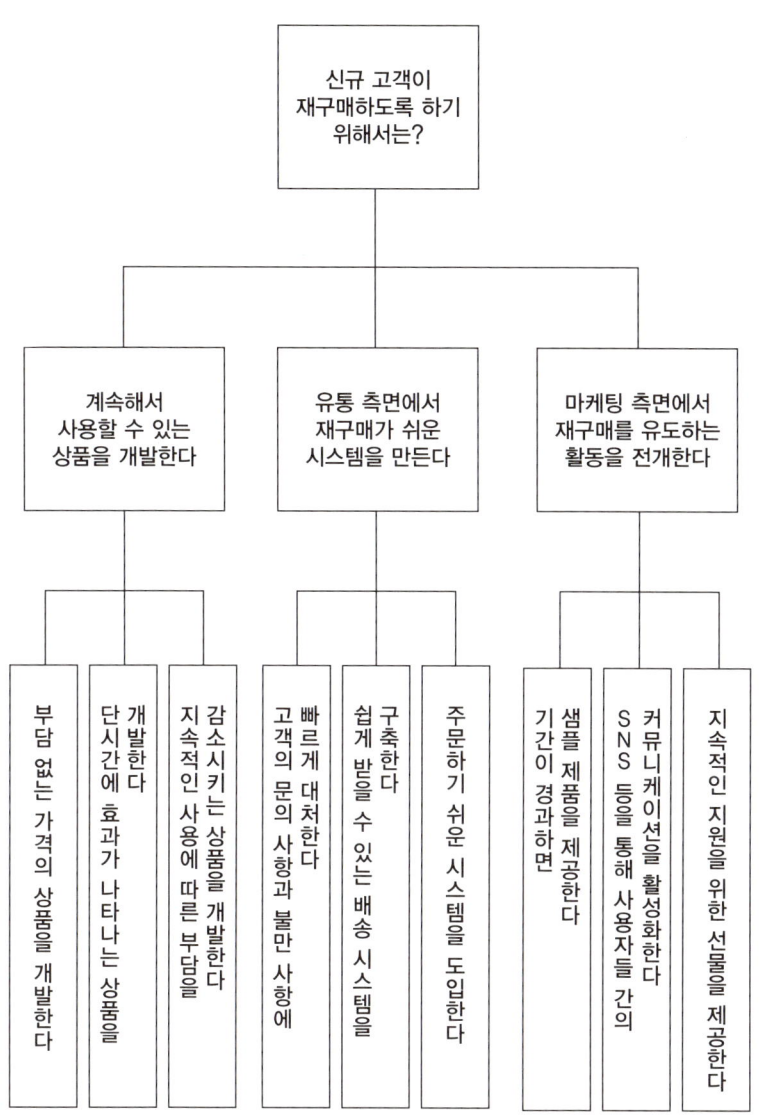

Part 3 논리적 문제 해결이란 무엇인가

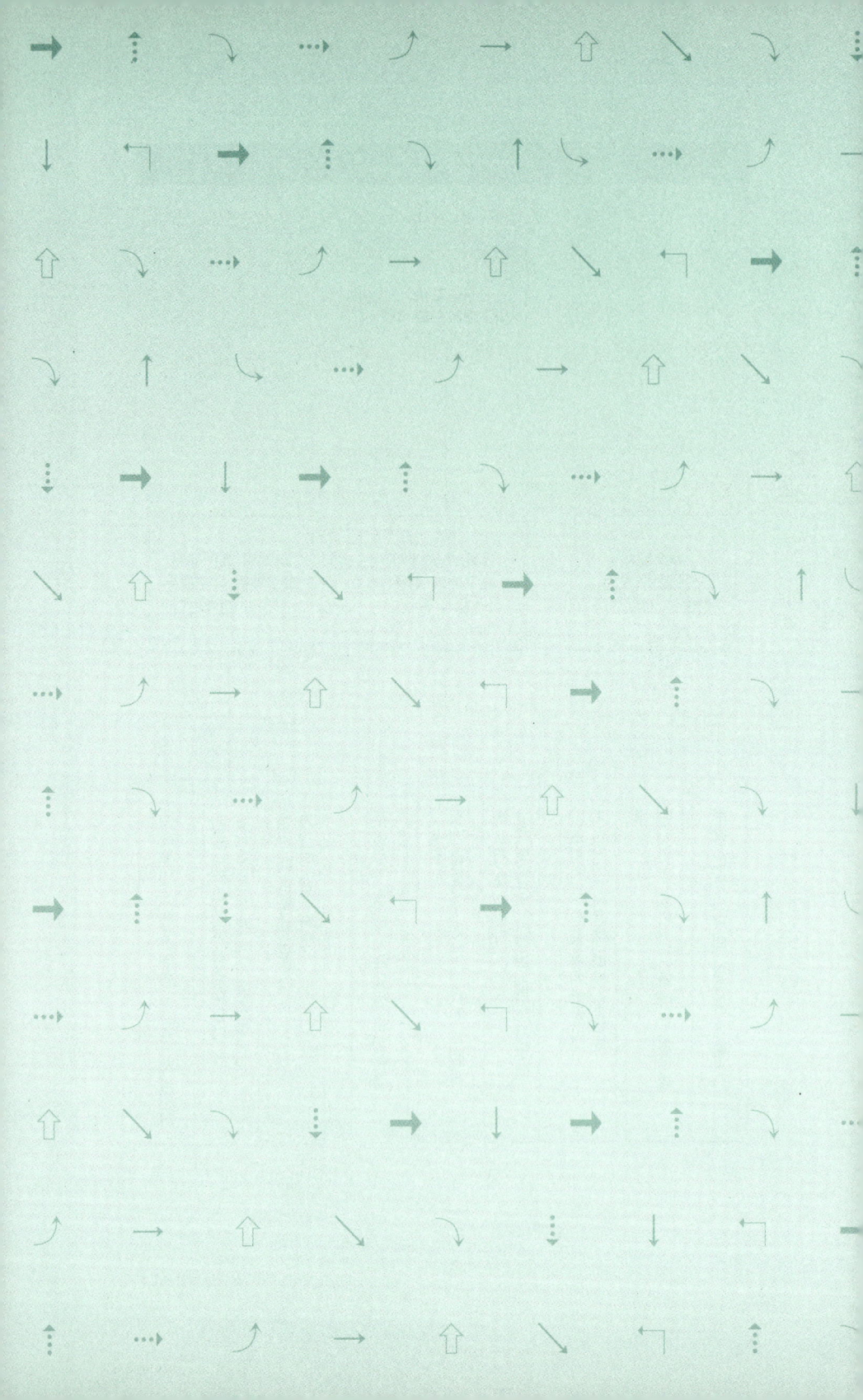

03

생각을 업그레이드하는 제로베이스 관점

생각이 막힐 땐
이유가 있는 법이다

"기존 기획안에서 달라진 게 전혀 없군. 다시 생각해 봐."

당신은 상사에게 이런 말을 들은 적이 있는가? 상사가 새로운 프로젝트를 맡겼을 때를 떠올려 보라. 신규 사업에 관한 것이든, 문제 해결에 관한 것이든 그 상사는 현상에 대해 뭔가 문제의식이 있기 때문에 당신에게 그 프로젝트를 지시했을 것이다. 그런 상황에서 당신이 기존 기획안에서 날짜만 살짝 고친 것이나 다름없는 기획안을 내밀었다면 어떤 상사라도 위와 같이 말할 수밖에 없다. 여기서 상사가 말한 '다시 생각해 봐'에 숨어 있는 진짜 뜻은 '제로베이스(Zero Base)에서 생각하라'라는 말이다.

제로베이스의 의미를 사전에서 찾아보면 '어떤 것을 처음부터 다시 시작하는 일. 제로의 상태에서 다시 검토하는 것'이라고 나와 있다. 즉, 제로베이스란 모든 고정관념을 버리고 원점으로 돌아가 '목적'을 기준으로 다시 생각하는 것을 의미한다.

또한 제로베이스에서 생각하는 것은 고정관념뿐만 아니라 기존의 방식이나 성공 체험까지 리셋(reset)하는 것이다. 앞서 언급한 바와 같이 오늘날의 비즈니스 현장은 정보의 복잡화, 관련 당사자들의 다양화, 의사결정의 신속화가 그 특징으로, 예전에는 상상도 할 수 없었던 엄청난 변화가 매우 빠르게 진행되고 있다. 그래서 변화의 폭이 작았던 과거에는 기존의 방식이나 성공 체험이 충분히 통했을지 몰라도 지금과 같은 시대에는 그런 방식이 더 이상 통용되지 않는다. 게다가 과거 이루었던 성공에 대한 집착은 조직과 개인의 움직임을 둔화시켜 환경 변화에 대한 대응을 더욱 늦추는 악순환을 만들어 낸다.

과거의 성공 체험과 기존의 상식은 잊고 목적을 기점으로 다시 생각하는 것이 진정 논리적으로 사고하는 태도라고 할 수 있다. 지금이야말로 제로베이스의 사고가 필요한 시대인 것이다.

> **Point 20** 기존의 방식이나 성공 체험을 리셋하여 생각해 보라.

상식을 의심하는
습관을 들여라

제로베이스에서 생각하려면 어떤 점에 주의를 기울여야 할까? 몇 번이고 강조하지만, 목적에 충실하여 고정관념과 기성 개념에서 벗어나는 것이 중요하다. 연습 삼아 다음 질문에 대한 답을 생각해 보자.

당신은 뭔가를 하기 위해 두께 10센티미터, 무게 1톤의 강철판에 구멍을 뚫으려 한다. 그런데 주변에 구멍을 뚫는 도구가 없다. 게다가 철판을 운반할 수 있는 도구도 없다. 당신이 가진 것은 생활용품과 문구 몇 개뿐이다. 이런 상황에서 어떻게 목적을 달성할 수 있을까?

아마 당신은 전문가를 불러 구멍을 뚫게 하거나 도구를 빌리는 등의 생각이 떠올랐을 것이다. 이런 해결책은 제로베이스의 관점에서 도출된 것이라고 할 수 있다. 위 질문에 사람을 부르거나 도구를 빌리면 안 된다는 제약이 없었기 때문이다. 이처럼 주어진 상황과 제한된 조건의 장벽을 넘어 새로운 방법을 생각해 내는 것이 제로베이스 관점에서 사고하는 것이다.

하지만 그보다 더 제로베이스에 가까운 생각은 구멍을 뚫지 않고 목적을 달성할 수 있는 다른 방법을 생각하는 것이다. 어째서 구멍을 뚫지 않느냐고 생각할지 모르지만, 처음 글을 다시 잘 읽어 보자. 당신이 달성해야 할 '목적'이 무엇이었는가? 목적은 구멍을 뚫는 것이 아니라 '뭔가를 하는' 것이었다.

실제 업무에서 목적을 명확히 하는 것은 쉽지 않다. 무의식중에 목적을 달성하기 위한 수단을 목적으로 생각해 버리는 경우가 비일비재하다. 이 점을 깨닫지 않으면 자기도 모르는 사이에 해결책의 범위를 제한해 버리는 우를 범하게 된다.

다음 페이지의 '본래의 목적은 무엇인가' 그림을 살펴보자. 목적을 확인하는 것 외에 수단과 공간, 시간, 대상 등을 의심하면서 살펴보면 다양한 관점을 가질 수 있다.

우리는 뭔가를 생각할 때 종종 고정관념과 기성 개념의 방해를 받곤 한다. 고정관념이 강한 사람은 방법이 이것밖에 없다고 정해 놓고 다른 생각이나 대안을 검토할 수 있는 가능성을 배제하는 경향이 있

본래의 목적은 무엇인가?

> 당신은 뭔가를 하기 위해 두께 10센티미터, 무게 1톤의 강철판에 구멍을 뚫으려 한다. 그런데 구멍을 뚫는 도구가 없다. 게다가 철판을 운반할 수 있는 도구도 없다. 가진 것은 생활용품과 문구 몇 개뿐이다. 이런 상황에서 어떻게 목적을 달성할 것인가?

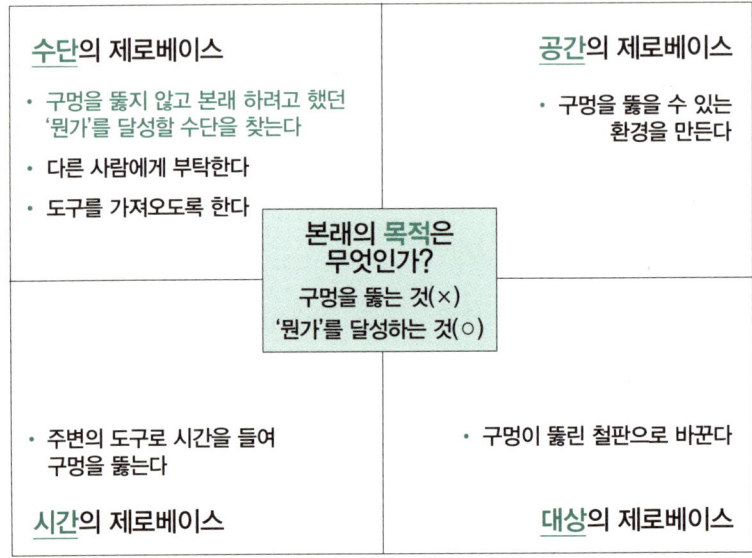

다. 이런 사람은 생각이 굳어 있어 행동도 일정한 범위 안으로 제한되는 결과를 초래하기가 쉽다. 한편 기성 개념이란 널리 사회에서 인정되어 통용되는 개념을 뜻한다. 다시 말하면 세상의 일반적인 생각, 상식(相識)이라고 할 수 있다. 누구나 할 수 있는 생각을 가지고서는 진

부한 방법밖에 떠올릴 수 없다.

생각하기 위해서는 이런 틀을 벗어나거나 깸으로써 목적과 수단을 구별하여 다시 생각할 필요가 있다. 이때 '자동사고'에 빠지지 않는 게 중요하다.

생각을 하지 않는 자동사고

자동사고란 말 그대로 자동적으로 생각하는 상태를 말한다. 마치 반사 신경처럼 어떤 현상이나 사물을 아무 의심 없이 자연스럽고 당연하게 받아들이는 상태로, 예를 들면 매일 똑같은 사무실로 출근하는 사람이 출근길에 어떻게 회사까지 갈 것인지 일일이 생각하지 않는 것과 같다. 거의 모든 직장인들이 일부러 시간을 내어 생각하지 않아도 가장 적절한 길과 방법을 골라 갈 수 있는 이유는 '늘 그래왔기 때문'이다.

얼마 전 들은 재미있는 이야기다. 우리가 흔히 '아저씨'라고 부르는 중년 남성들은 술집 같은 데서 젊은 사람들이 첫 잔을 맥주로 하지 않고 칵테일을 주문하는 것을 보고 매우 놀란다고 한다. 대체로 나이가 든 사람들은 술집에서 첫 잔은 생각할 것도 없이 일단 맥주인 것이 일반적이기 때문이다.

물론 '늘 그래왔다'는 것은 경험에서 나오는 판단이므로 어떻게 보면 합리적인 판단일지도 모른다. 그러나 오늘날과 같이 변화가 크고 빠른 시대에 이런 자동사고에 의존하는 것은 자칫 본래 목적을 간과

자동사고에서 벗어나 다른 대안을 생각하라

자동사고	→	선택사고
언제나 만나던 장소에서 만난다		다른 장소는 어떤가?
일단 맥주로 시작한다		다른 음료는 어떤가?
늘 러시아워에 시달린다		다른 시간대로 출근 시간을 옮길 수 없는가?
고객을 방문한다		꼭 방문할 필요가 있는가?
영업은 스피치가 생명이다		스피치 이외에 다른 방법은 없는가?

당연하다고 생각하는 의사결정에 대해 다른 대안을 적용해 본다.
⋯▶ 결과적으로 예전과 같은 결론이 나오더라도 상관없다.

하고 잘못된 판단을 내릴 위험이 있다. 자동적으로 생각하는 습관에서 벗어나 선택할 수 있는 대안을 몇 가지 더 만들어 보도록 하자. 사소해 보이지만 이런 작은 노력이 논리적 사고를 향상시킬 수 있는 길임을 염두에 두어야 한다.

Point 21 고정관념과 습관에 얽매인 자동사고에 주의하라.

까칠하게 생각하고
용기 내어 질문하라

논리적으로 사고하기 위해 의심하는 습관 외에 명심해야 할 한 가지는 바로 '바꾸는 용기'를 가지는 것이다.

뭔가를 바꾸는 데에는 용기가 필요하다. 바꾼다는 것은 기존의 것을 파괴하는 것이다. 논리적으로 생각했을 때 뭔가 이상하다고 여겨지는 것을 바꾸지 않고 그대로 두면 당신이 원하는 논리적 사고는 그림의 떡이 되고 만다.

'도요타의 적은 어제의 도요타'라는 말이 있다. 도요타의 생산 현장에서는 모든 걸 파괴하라고 요구한다. 선배들이 힘들여 개발한 기술과 생산 라인, 다양한 시스템에 대해 항상 '현재 상태에 만족하지 마라! 의심하고, 파괴하라!'라고 가르치는 것이다. 도요타에서는 이런 사고방식을 '개선의 혼(魂)'이라고 부르는데, 성장을 위해서는 항상 현재를 의심하고 변화시키려는 자세가 필요하다는 뜻이다.

과거의 성공에 의존하는 것은 어떤 의미에서는 편한 길이다. 그러나 과거에 이루어 낸 성공에 안주해서는 그 이상의 진화를 달성하지 못한다. 더 좋아질 수 있는지, 다른 방법은 없는지 늘 질문하면서 과거와 현재를 의심해야 한다. 성공했던 기억을 버리고 과감히 현 상태를 바꾸려는 용기를 가질 때 비로소 혁신이 일어난다.

경영 컨설턴트인 오마에 겐이치는 맥킨지&컴퍼니의 대표로 있을 때 한 부하직원의 논리적 사고력을 키워 주기 위해 일정 기간 동안 상사가 하는 모든 말을 비판하게 했다고 한다. 베테랑 컨설턴트를 상대로 비판을 한다는 것은 결코 쉽지 않은 일일 테지만, 여기에 논리적 사고를 훈련하기 위한 힌트가 숨어 있다.

우리는 대개 어떤 편향에 따라 사물을 판단하곤 한다. 또한 어떤 분야에서 권위 있는 사람이 하는 말은 깊이 생각해 보지도 않고 수긍하는 오류를 종종 범하곤 한다. 누군가를 처음부터 의심하고 비판하는 태도가 언제나 바람직한 것은 아니지만, 적어도 비즈니스에서는 자기 나름의 의견과 알고 있는 사실에 비추어 검증하며 듣는 습관을 들일 필요가 있다.

교육 연수를 실시하다 보면 대개 질문이 많이 나오는 팀과 그렇지 않은 팀으로 나뉜다. 강사가 하는 이야기의 내용을 더욱 깊이 이해하기 위한 질문, 일부러 반론을 제시해서 내용을 더 확장시키는 질문,

주어진 프레임에 포함되지 않은 관점을 제시하는 질문 등 질문을 더 많이 하는 팀이 더 긍정적인 결과를 내고 참가자들의 입장에서도 관점이 넓어지는 것은 당연한 결과다.

다른 사람의 이야기는 70퍼센트 정도만 받아들여라. 나머지 30퍼센트에 해당하는 부분은 반론할 수 없는지, 다른 관점으로 볼 수는 없는지 생각하면서 듣는 것이 좋다. 이렇게 하면 다른 사람의 이야기를 무조건 받아들이지 않고, 기성 개념과 고정관념에서 벗어나 스스로 생각하는 습관을 기를 수 있다.

> **Point 22** 상식, 기성 개념, 고정관념을 의심하라. 겸허히 사실과 마주하여 변화를 일으켜라.

제로베이스 사고에서
기억해야 할 3가지

제로베이스는 제로(zero)에서 시작하는 것이다. 그렇다면 이 제로의 기준점을 어디에 두어야 할까? 이는 제로베이스의 관점에서 생각하는 데 있어 매우 중요한 부분이다.

소니의 공동 창업자인 모리타 아키오 전 회장은 1950년대에 미국으로 진출할 때 한 회사로부터 견적 의뢰를 받았다. 5,000대, 1만 대, 5만 대, 10만 대에 대한 견적 의뢰였는데, 당시 소니는 미국에 막 진출했을 때라서 공장의 생산 능력이 5만 대밖에 되지 않았다. 이때 모리타 회장은 5,000대, 1만 대를 발주했을 때보다 5만 대, 10만 대를 발주했을 때의 견적 금액을 몇 배나 비싸게 책정하여 제시했다. 일반적으로는 발주하는 수량이 늘어날수록 규모의 경제 효과가 작용하여 비용이 줄어드므로 단가가 내려가는 게 상식인데, 그는 반대로 했던 것이다.

깜짝 놀란 미국 회사에서 그 이유를 묻자 모리타 회장은 이렇게 대답했다.

"우리는 비즈니스를 오래 하기 위해 미국에 왔다. 귀사에서 견적을 의뢰해 준 것은 매우 고맙지만 이를 그대로 받아들이면 귀사 한 곳을 위해서만 제품을 생산하게 될 것이다. 하지만 귀사가 앞으로도 발주를 계속할지는 보장이 없다. 그렇게 되면 생산 능력을 증가시켜도 훗날 불필요해질 가능성도 있다. 그럼에도 우리는 귀사의 요청에 응하고 싶다. 그러니 제품뿐만 아니라 공장을 짓는 비용도 지불해 주었으면 좋겠다. 그렇게 해준다면 귀사의 발주 요청을 수락하여 제품을 납품할 것이다."

2차 세계대전 패전국에서 온 한 기업가의 남다른 생각이 미국의 비즈니스계를 깜짝 놀라게 했다. 소니는 무엇보다 그들의 목적을 중시했고 가능한 한 모든 수단을 찾아 목적을 실현시키려는 의지를 보여 준 것이다. 그런 정신이 있었기에 소니가 지금처럼 세계적인 기업으로 성장할 수 있었는지도 모른다.

이 사례와 같이 남과 다른 생각, 즉 제로베이스에서 시작하는 사고를 하기 위해 기억해야 할 점은 무엇일까? 다음 세 가지 사항을 들 수 있다.

① 목적을 제로베이스에서 다시 생각하라.
② 사실을 제로베이스에서 다시 생각하라.
③ 방법을 제로베이스에서 다시 생각하라.

목적을 제로베이스에서 다시 생각하라

우리는 무엇을 위해 생각하는가? 생각하는 것 자체가 목적이라고 대답하는 사람도 있을지 모른다. 물론 멍하니 있는 시간도 필요할 때가 있다. 그러나 뭔가를 생각할 때는 '무엇을 위해 생각하는가'라는 목적이 있을 것이다. 제로베이스 사고의 출발점은 바로 이 '생각하는 목적'이다.

업무 개선이나 현장 개선 등의 프로젝트를 진행할 때 빠지기 쉬운 함정 하나는 바로 목적과 목표를 애매하게 설정해 놓고 프로젝트를 시작하는 것이다. 이런 경우에는 프로젝트 중간보고 회의에서 진척 상황을 확인할 때 "기본적으로 이 프로젝트의 목적이 무엇이죠?"라는 질문이 반드시 나온다.

목표는 정량적 목표와 정성적 목표로 구분할 수 있다. 프로젝트를 시작할 때 누가, 무엇을, 어떤 상태의 것을, 얼마나, 언제까지 등에 대해 구체적인 수치와 수준을 명확히 해두어야 한다. 그렇지 않으면 프로젝트가 방향을 잃고 부유하는 결과를 초래할 수 있다. 프로젝트를 계획하고 진행할 때 뚜렷한 목적을 설정하지 않으면 다음과 같은 목적과 목표, 수단을 혼동하는 문제가 발생한다.

목적으로 돌아가라

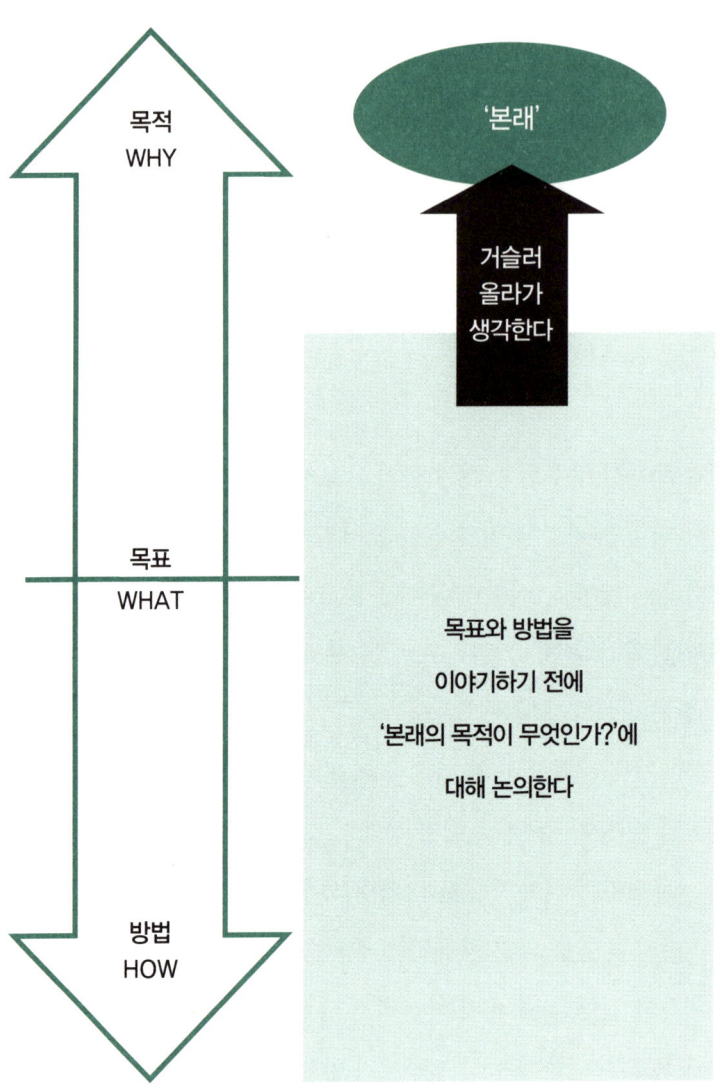

- 왜 하는가?(WHY)
- 무엇을 하는가?(WHAT)
- 어떤 방법으로 하는가?(HOW)

한 중소기업에서 '업무 효율화를 통한 잔업 줄이기'를 목적으로 프로젝트를 시작했다. 그러나 프로젝트가 진행되면서, 구성원들의 업무 수행 방법이 제각각인 상황을 개선하기 위해 마련한 '업무 매뉴얼화'에 너무 치중한 나머지 결과적으로는 예전보다 업무가 훨씬 번잡해지고 잔업이 더 늘어났다. 이는 중간에 업무의 매뉴얼화라는 수단이 목적이 되어 버렸기 때문이다. 당초의 목적인 '업무 효율화를 통한 잔업 줄이기'가 어딘가에서 뒤바뀌어 결국에는 사라진 것이다.

이런 사태가 발생하지 않도록 하려면 목적을 제로베이스에서 다시 생각해야 한다. 다양한 사고를 할 때 그 기점이 되는 목적을 잃어버리지 않도록 본래의 목적이 무엇이었는지 끊임없이 다시 생각하는 것이다. 한 가지 덧붙이자면, '본래'라는 단어를 자주 사용하면 제로 지점으로 돌아가 목적을 상기하기가 용이해진다.

사실을 제로베이스에서 다시 생각하라

논리적 사고를 하는 데 있어 '아마', '틀림없이', '분명' 등은 사용하지 말아야 할 단어다. 고정관념에 빠지기 쉬운 사람은 이런 단어들을 종종 사용하곤 하는데, 이는 사실보다는 추측과 상상을 통해 생각하는 바람직하지 않은 습관이다.

사실을 기반으로 생각하는 사람들은 '3현(現)주의'에 입각해 일을 진행한다. 혼다자동차의 창업자 혼다 소이치로가 경영 원칙으로 채택하여 유명해진 3현주의는 '현장(現場)에서 현물(現物)을 관찰하고 현실(現實)을 인식한 이후에 문제 해결 방안을 찾아야 한다'는 원칙이다. 이는 객관적인 사실을 중시하지 않으면 사물의 본질을 파악하기가 어렵다는 현실을 간파한 데서 나온 경영 철학이기도 하다.

지금은 인터넷 환경의 급속한 발전으로 언제 어디서나 다양한 정보에 접근할 수 있게 되었다. 누구나 과거의 지혜를 엄청난 속도로 빠르게 흡수할 수 있는 시대가 온 것이다. IT 칼럼니스트인 우메다 모치오가 저서 《웹 진화론》에서 말한 것처럼 이제는 지식의 '고속도로'가 깔려 누구라도 이 고속도로를 통해 엄청난 속도로 전진할 수 있게 되었다. 그런데 저 앞에서 정체가 발생한다. 즉, 일정한 장소까지는 누구나 도달할 수 있지만 중도에 정체 상황에 휘말려 멈춰 서면 새로운 장소를 향해 갈 수 없다.

모두가 하는 인터넷 검색을 통해 정보를 찾아내고, 똑같은 사이트를 방문하고, 똑같은 정보를 보고 여기서 멈춰 버리면 '사고 정지' 상태에 빠지게 된다. 이것이 지나치면 인터넷에 나온 것이 지식의 전부이며 그것이 모두 옳다고 믿어 버리기도 한다. 즉, 검색한 부분까지로 자신의 지식을 한정시키는 결과를 초래하게 되는 것이다.

특히 최근에는 고등학생뿐만 아니라 대학생들까지도 직접 작성해

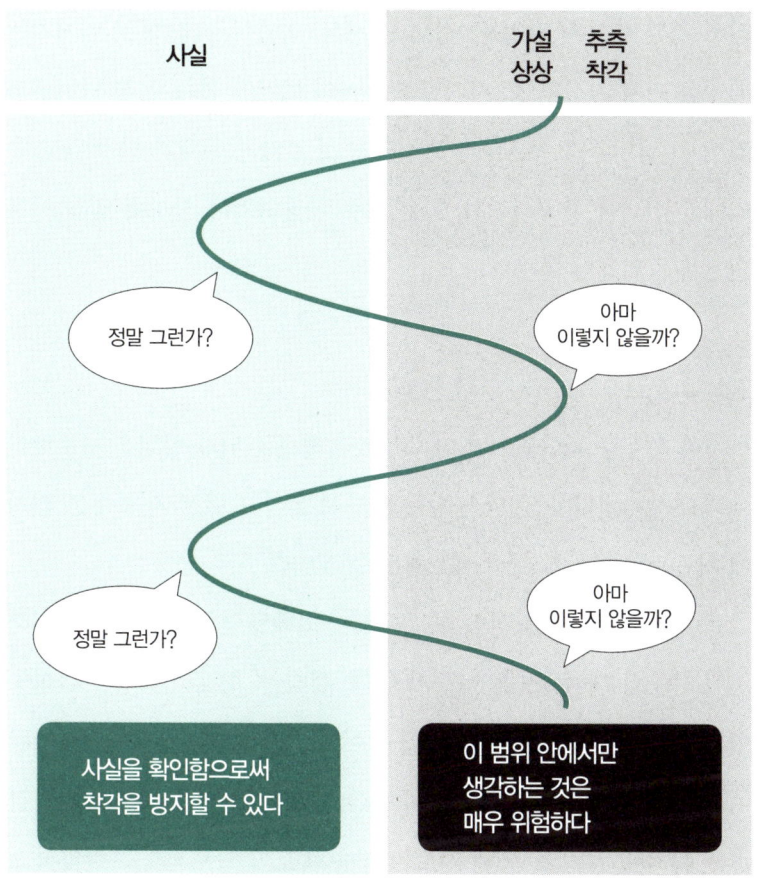

야 하는 리포트 과제를 인터넷에서 그대로 베껴 제출하는 경우가 많다. 이는 사고 정지 상태의 대표적인 사례로서 고정관념에 빠져 제로

베이스 사고를 하지 못하는 전형적인 경우에 해당한다.

본래 아는 것과 생각하는 것은 전혀 다른 행동이다. 어떤 의도에 따라 수집된 사실은 '사실 → 정보 → 지식 → 인식 → 견해'로 이어지는 과정을 거쳐 자신의 것, 자기만의 지식이 되어야 한다. 물론 인터넷과 같이 잘 정비된 고속도로가 존재하는 것 자체는 문제가 되지 않고 우리에게 편의를 제공하지만, 이를 잘못 이용하거나 중도에 멈춰 서지 않도록 주의해야 한다.

방법을 제로베이스에서 다시 생각하라

목적과 사실을 확인했으면 마지막으로 해결을 위한 방법을 제로베이스에서 생각한다. 기존의 방법이 반드시 옳다고 단정 지을 수는 없기에 처음으로 돌아가 다시 검토해 보는 것이다.

유니클로 브랜드를 판매하는 패스트 리테일링은 사무실을 이전하면서 사무실 레이아웃을 바꾸기 위해 '펜타곤' 형태의 책상을 들여놓았다. 이 책상은 5각형으로 되어 있어 같은 프로젝트를 하는 팀원들이 서로 마주보고 앉아 업무를 수행할 수 있다. 실제로 패스트 리테일링은 이 작은 변화를 통해 정보의 공유 속도가 압도적으로 빨라졌고, 팀원 간 다양한 의견 교환이 이루어지면서 서로의 업무를 쉽게 이해하게 되는 등의 효과가 나타났다고 한다. 이처럼 목적과 사실을 바탕으로 방법을 유연하게 생각하다 보면 문제 해결에 가까이 다가갈 수 있다.

방법에 대한 제로베이스 관점은 수단, 공간, 시간, 대상으로 나누어 생각해 볼 수 있다. 수단이란 책상이나 OA 기기 등 업무에 필요한 도구에 대해 다시 생각하는 것이다. 공간은 사무실 환경이나 영업 스타일, 회의실의 레이아웃 등 공간과 관련된 것을 말한다.

시간은 말 그대로 시간을 어떻게 파악하느냐와 관련된 것이다. 어떤 기업에서는 아침 회의를 한 시간 동안 몰아서 하지 않고 10분씩 여섯 번에 나누어 실시하기도 한다.

마지막으로, 대상을 제로베이스 관점으로 생각한다는 것은 상대방을 처음부터 다시 생각해 보는 것을 말한다. 예를 들어 소매업 담당자를 대상으로 영업 활동을 했는데 좋은 반응을 얻지 못했다면 대상을 바꿔 소매업자에게 상품을 제공하는 업체의 담당자에게 접근하는 것이다.

이처럼 방법을 재검토하는 관점을 가지고 유연하게 생각하다 보면 생각지도 못한 효과적인 방법이 도출될 수 있다. 방법을 재검토할 때는 대개 브레인스토밍 등이 활용되는데 이때는 상대방의 아이디어를 비판하기보다는 아이디어의 양에 집중하여 목적을 기반으로 한 다양한 아이디어를 내도록 해야 한다.

Point 23 목적과 사실을 확인하고, 자유로운 발상으로 방법을 도출하라.

모르는 게
힘이다

 자신이 잘 모르는 분야를 다뤄야 할 때 모른다는 사실 때문에 두려움을 느껴 본 적이 있을 것이다. 신입사원 시절을 떠올려 보자. 상사나 선배들의 빠른 일처리를 쫓아가지 못해 매일 전전긍긍하지는 않았는가? 잘 모르는 일에 대한 두려움과 긴장은 신입사원 시절을 겪었던 사람이라면 모두가 느껴 본 감정일 것이다.

 그러나 모르는 게 그렇게 나쁘기만 한 것일까? 반대로 너무 많이 알아서 놓쳐 버리거나, 알고 있다고 생각해서 그냥 지나쳐 버리는 경우는 어떤가?

 한 회사에 여성 사원 한 명이 신입으로 입사했다. 그녀의 OJT(On the Job Training) 담당 리더로 입사 5년차 중견사원이 임명되었는데,

이 OJT 리더는 주변에서 실력을 인정받는 인재였다. 어느 날 이 신입사원이 OJT 리더에게 이렇게 물었다.

신입사원: 선배님, 여쭤 볼 게 있는데 괜찮으세요?

OJT 리더: 뭐가 궁금한 거지?

신입사원: 이 확인서는 왜 쓰는 건가요?

OJT 리더: 아, 이거? 이거 계속 써 왔던 거야. 내가 입사했을 때부터 이미 쓰고 있었지.

신입사원: 그렇군요. 그런데 뭘 위해서 쓰는 건가요?

OJT 리더: 뭘 위해서라니……. 확인서니까 당연히 확인을 위한 거겠지?

신입사원: 작성하고 나서 파일에 철해 놓기만 하는 것 같아서요. 나중에 누군가가 확인하거나 그걸 보고 업무에 활용하거나 하는 건가요?

OJT 리더: 그렇지. 그런데 지금은 그냥 작성해서 철해 놓으면 그걸로 끝이야.

신입사원: 그러면 이건 필요 없는 게 아닐까요?

OJT 리더: 그럴지도 모르겠군. 과장님께 한번 얘기해 보겠네.

'안다'고 생각하는 것은 매우 위험할 수 있다. 알고 있다고 판단해서 그 상태에 만족해 버리는 시점부터 더 이상 알고자 하는 노력을

'안다'고 생각하는 것의 위험성

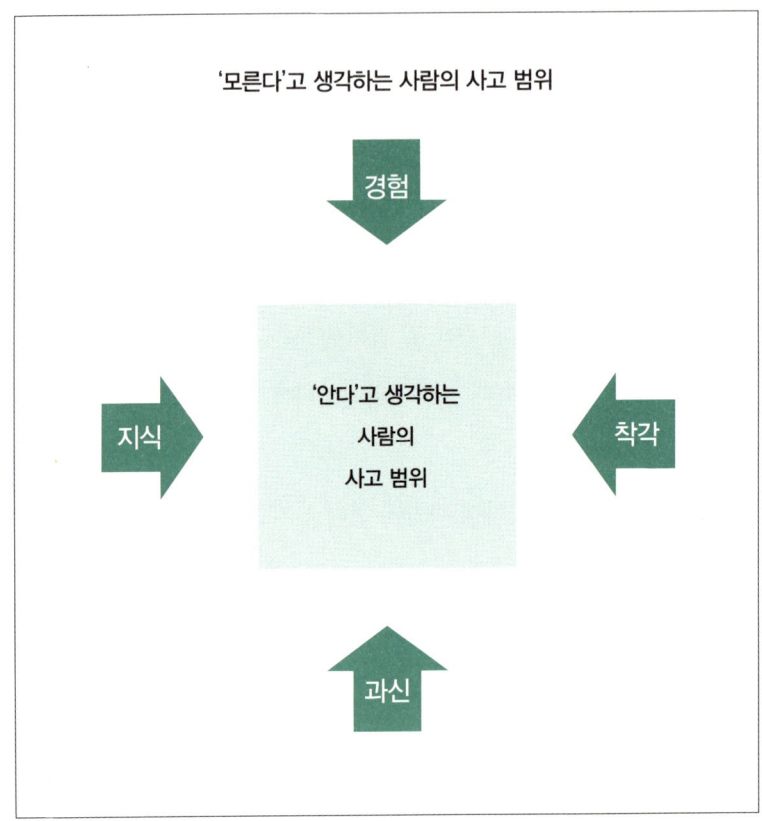

POINT

'안다'고 생각하는 것이 당신의 사고 범위를 좁히고 있지는 않은가?

하지 않기 때문이다. 안다고 생각하는 순간부터 당신은 사고의 정지 상태에 조금씩 가까워지기 시작한다.

제로베이스에서 생각하는 것은 사고의 정지 상태에서 벗어나 스스로 생각하는 힘을 기르는 효과가 있다. '벼는 익을수록 고개를 숙인다'는 속담처럼, 안다고 생각할수록 처음부터 다시 생각하는 제로베이스 관점이 필요하다.

사람은 일정한 지식을 갖추면 자신이 생각이 무조건 옳다고 믿어 버리는 경향이 있다. 이런 상태가 지속되면 변화에 둔감해지고 무관심해진다. 그러다 보면 자기도 모르게 사실과 변화에 근거한 판단을 내리지 못하고, 이렇게 내린 결론은 시대의 요구에 부합하지 않아 쇠락의 길을 걷는 계기가 된다. 그러므로 제로베이스 관점에서 사고하려면 항상 다음과 같은 전제를 가지고 생각해야 한다.

나는 경험에 근거해서 판단한다.
⋯▸ 그러나 내가 보는 것, 알고 있는 것은 일부에 불과할 뿐 전부가 아니다.
⋯▸ 따라서 내가 내린 결론이나 판단은 잘못될 가능성이 있다.

한마디로, 겸허한 태도로 사고하지 않으면 논리적으로 생각하는 힘이 쇠퇴한다. 늘 모르는 게 있다는 생각으로 나이를 얼마나 먹든, 직장에 얼마나 다녔든 간에 항상 새로운 일에 도전하고 적극적으로 경험을 쌓아야 한다. 한 대학 교수는 60대임에도 불구하고 젊은이들이 자주 이용하는 커피숍을 찾아다니거나 최근 유행하는 것을 직접 따라 해본다. 그래서일까, 그가 하는 이야기는 언제나 참신하고 딱딱하지 않아서 듣고 있노라면 항상 새로운 걸 깨닫게 된다. 당연히 그는 학생들에게도 인기가 많다. 논리적으로 사고하기 위해서는 자신의 전문 분야에서 지식을 끊임없이 흡수하는 것 외에도 외부의 정보를 적극적으로 받아들이고자 노력해야 한다.

사물에 대해 '알지 못한다'는 것은 어떤 의미에서는 커다란 무기가 될 수 있다. 일본의 장기 기사인 하부 요시하루는 "형태가 없는 게 최고의 형태"라고 말했다. 모른다는 것은 순수한 백지 상태에 있다는 것이므로 오히려 자신감을 가져도 된다. 이는 과거의 현상이나 굴레에 얽매이지 않고 제로베이스에서 생각할 수 있는 절호의 기회다.

> **Point 24** '안다'고 생각하는 것은 위험하다. 모르는 것에 주목하라.

애매함과 비약 없이
말하는 습관을 들인다

제로베이스 관점에서 논리적으로 사고하고 말하기 위한 구체적인 방법으로는 크게 두 가지가 있다.

단어의 정의를 명확히 하라

착각에 빠지지 않고 제로베이스에서 사고하는 방법 중 하나는 단어의 정의를 명확히 하는 것이다. 즉, 애매하게 받아들일 수 있는 추상적인 단어가 나오면 일단 상대방이 이해한 의미를 확인하고 나서 생각한다. 다음은 그런 애매한 표현의 사례다.

나: 큰 시장이 형성되고 있습니다.

- 상대방 A가 이해한 것: 100억 엔 정도의 시장일까?
- 상대방 B가 이해한 것: 1,000억 엔 정도의 시장일까?

나: 저는 영어를 잘합니다.
- 상대방 C가 이해한 것: 외국인과 자유로운 대화가 가능한 수준일까?
- 상대방 D가 이해한 것: 토익 850점 정도인가?

이처럼 추상적이고 애매한 표현은 듣는 사람에 따라 해석이 달라질 수 있다. 해석이 달라질 가능성이 있는 단어는 가급적 사용을 피하고 의미를 명확히 할 필요가 있다.

예를 들어 가능한 한 빨리 이 일을 마무리해 달라는 상사의 지시를 받았다고 하자. 이 경우 '가능한 한 빨리'라는 것은 언제까지를 말하는 것일까? 상사는 오늘 중이라고 생각할 수도 있고, 어쩌면 이번 주 중일지도 모른다. 이처럼 애매하게 해석되는 경우는 더 이상 생각을 진행시키지 말고 정확한 시기를 물어봐야 한다.

해석이 달라지기 쉬운 추상적인 단어를 가리켜 '사고 정지 언어'라고 한다. 평소 회사에서 자주 사용되는 사고 정지 언어로는 어떤 것이 있는지 찾아보자.

- '고객만족'에서 고객은 정확히 누구인가? 만족의 수준은 어느

자주 사용하는 사고 정지 언어

▶ 자주 사용하는 사고 정지 언어

- 매우
- 많이
- 막대한
- 모두가
- 소수의
- 대폭적인
- 가능한 한

객관적인 표현이 아닌 막연한 감각을 표현하는 단어. '실제 어느 정도인가?'를 알 수 없다(=사고 정지).

▶ 자주 사용하는 추상적 단어

- 글로벌
- 솔루션
- 전략
- 고객
- 현장
- 비전(목표)
- 차세대

이 단어들의 해석, 범위, 정의를 명확히 해야 현실에 기반한 결과를 낼 수 있다.

정도를 말하는가?
- '글로벌 인재'에서 글로벌의 기준은?
- '차세대 인재'에서 차세대는 누구를 가리키는 것인가?

제로베이스 관점에서 사고하려면 이런 사고 정지 단어에 주의하여 생각하고 말해야 한다.

사고 습관을 체크하라
혹시 당신은 이런 착각을 하고 있지는 않은가?

- 호피무늬 옷을 즐겨 입는 사람은 ○○○이다. (정말 그럴까?)
- ○○○ 출신은 술이 세다. (정말 그럴까?)
- 혈액형이 B형인 사람은 ○○○이다. (정말 그럴까?)
- 사이다를 마시면 충치가 생긴다. (정말 그럴까?)
- 폭주족 단속을 강화하면 폭주 행위가 줄어든다. (정말 그럴까?)

당신은 어떤 사물이나 현상을 보고 '그것은 이렇다'라고 규정해 버리고 있지는 않은가? 또는 '이렇게 하면 저렇게 된다'라고 정책과 결과, 원인과 결과 사이에 과도한 비약이 있는 생각을 자주 하지는 않는가? 이처럼 과도하게 일반화하거나 건너뛰는 식으로 생각해서는 제로베이스 관점에서 사고할 수 없다.

자신이 어떻게 생각하고 행동하는지 평소 생각하는 습관과 빠지기 쉬운 함정을 인식하고 있어야 한다. 만일 "자네의 이야기에는 논리의 비약이 있어.", "앞뒤가 맞지 않아.", "왜 그런 결론이 나오지?"와 같은 지적을 한 번이라도 받은 적이 있다면 스스로 사고 습관을 체크해 보자. 사고의 습관이나 편향성은 제로베이스 관점에서 사고하는 것을 방해한다.

> **Point 25** 항상 구체적인 단어로 생각하고 이해하는 습관을 들여라.

▶ 실천을 위한 케이스 트레이닝

앞서 설명한 목적과 수단의 제로베이스를 의식하면서, 다음의 질문에 가설을 세워 보자.

한 문구 업체의 신상품 기획부서는 직원들이 더욱 활기차게 일하고 실적도 향상시키기 위해 새로운 작업 환경과 업무 방식을 도입하려 하고 있다. 현재는 각자의 업무에 고유한 영역이 있어서 공유가 잘 되지 않는 상황이고 서로 일을 부탁하지도 않는다. 결과적으로 창의적인 아이디어가 잘 나오지 않는 상황이다. 또, 시장 환경의 변화가 빠르고 고객도 신상품의 개발을 기다리는 상황이어서 개발 기간의 단축이 요구되고 있다. 그렇다고 직원들에게 과도한 노동을 강요할 수도 없다. 부서는 이와 같은 상황을 고려하여 제로베이스 관점에서 아이디어를 모집하기로 했다. 목적을 확인하고 아이디어를 내보자.

먼저 '목적'을 제로베이스 관점에서 생각한다. 목적은 창의적인 신상품을 신속하게 만들어 내는 것이라고 할 수 있다. 그다음에는 '제약 조건'에 대해 생각한다. 제약 조건은 직원들이 활기차게 일할 수 있어야 한다는 것과 과도한 노동을 시키지 않는다는 것이다. 이를 기준으로 수단, 공간, 시간, 대상 등 다양한 영역에서 아이디어를 끌어내는 관점을 찾는다.

수단의 경우, 현재 업무에 활용하는 수단에 대해 다시 생각해 본다. 예를 들어 회의실 이용 방법, 고객과의 미팅 방법, 다양한 기기의 사용법, 사내 미팅 방법 등 다양한 수단에 초점을 맞춘다.

공간은 직장의 작업 환경이다. 사내외를 불문하고 업무 환경을 개선할 수 없는지에 대해 생각한다. 시간은 현재 당연하게 여겨지는 시간 활용 방법을 더 효과적으로 바꿀 수 없는지 생각한다.

마지막으로, 대상은 기존에 타깃으로 하고 있었던 사람들 외에 다른 타깃은 없는지 점검한다.

이처럼 제로베이스로 생각하는 관점은 다양하다. 그러므로 사고의 출발점을 일단 재검토하고 나서 해결책을 찾는 것이 중요하다.

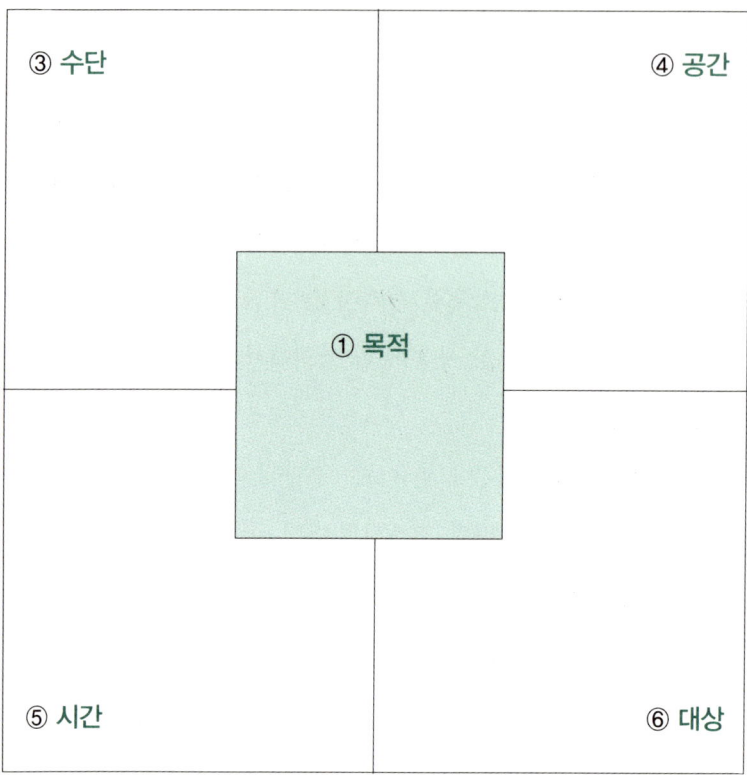

제로베이스 관점에서 사고하기 (예시)

③ 수단
- 기존에 없었던 새로운 아이디어를 외국에서 들여와 활용해 본다

④ 공간
- 자연 속에 임시 사무실을 만들어 색다른 분위기에서 집중적으로 논의할 수 있는 환경을 만든다

① 목적
창의적인 신상품을 신속하게 개발한다

⑤ 시간
- 회의를 짧게 여러 번 하는 것이 아니라 장시간에 집중해서 논의한다

⑥ 대상
- 어린이를 타깃으로 개발한 상품을 성인용으로 전환할 수 있는지 검토한다

② 제약 조건
- 직원들이 활기차게 일해야 한다
- 과도한 노동을 강요하지 않아야 한다

로지컬 씽킹을
가속화하는 힘

_빠른 의사결정과 행동으로 일의 효율을 높이는 기술

01

논리적인 사람은 '시작'이 다르다

일의 성패를 가르는
5&3 법칙

업무 처리가 빠른 사람과 느린 사람의 차이는 프로젝트를 맡았을 때 첫 5분의 사용법에서 드러난다. 업무 처리가 느린 사람은 새로운 일이 생겼는데 첫 움직임이 늦거나, 곧바로 움직이기는 하지만 가설도 없이 초점을 벗어난 대응으로 아무것도 진척시키지 못한다. 반면 업무 처리가 빠른 사람은 처음 5분을 효과적으로 사용하여 적절한 가설을 도출한다.

NTT도코모의 임원 출신으로 i모드(일본 NTT도코모에서 개발한 휴대전화 서비스-옮긴이)를 개발한 나쓰노 쓰요시는 회의에서 5분 안에 결론이 나지 않으면 더 이상 논의를 하지 않는 것으로 정해 놓고 있다. 논의한 지 5분이 지나도 가설이 나오지 않으면 가설을 이끌어 낼 정보가 부족하다고 판단하기 때문이다. 이럴 때는 먼저 정보를 수집한 후에 다시 논의를 하는 것이 효율적이다.

　5분 안에 가설을 이끌어 낸다는 것은 5분 안에 전체 그림을 그리는 것이다. 여기서 포인트는 먼저 결과물의 이미지를 그리고, 일의 내용을 파악한 후 시작부터 끝까지의 스토리를 작성하는 것이다.

　① 결과물의 이미지 그리기

　먼저 언제까지 무엇을 할 것인지 명확히 한다. 결과물의 이미지가 없는 일만큼 혼란스러운 것도 없다. 일을 시작하기 전에 가장 먼저 해야 할 일은 결과물에 대한 가설을 그리는 것이다.

　② 일의 내용 파악하기

　그 업무에서 자신이 할 수 있는 일과 할 수 없는 일을 파악한다. 자신이 못하는 일은 할 수 있는 사람에게 부탁한다. 이렇게 하면 업무 처리 속도가 훨씬 빨라진다.

　③ 일의 시작부터 끝까지 스토리 작성하기

　일의 시작에서 결과물 산출까지의 스토리를 작성하면 업무를 진행하는 데 무엇이 문제이고 시간이 얼마나 걸릴지 알 수 있다. 이를 통해 업무를 수행하는 과정에서 실수하거나 뭔가를 잊어버리는 일도 방지할 수 있다.

가설을 세우기 위한 3가지 포인트

❶ 결과물의 이미지 그리기

언제까지	
무엇을 할 것인가	

❷ 일의 내용 파악하기

자신이 할 수 있는 것	
자신이 할 수 없는 것	

❸ 일의 시작부터 끝까지 스토리 작성하기

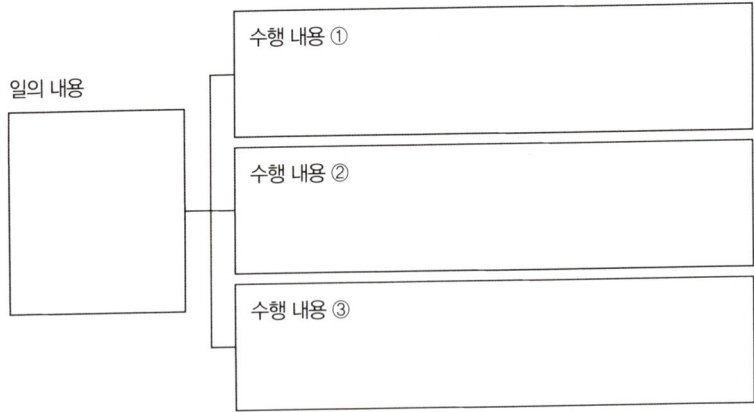

첫 5분 동안에 앞선 세 가지 가설을 만들어 낼 수 있느냐가 승부의 분수령이다. 따라서 이 5분 동안 얼마나 집중할 수 있는지가 중요하다. 단 5분이므로, 많은 일을 끌어안고 있어 몸을 움직일 틈이 없더라도 시간을 구분해서 가설을 세우는 일을 소홀히 하지 않도록 해야 한다.

스토리를 강화하는 '3가지로 나누기'

앞서 '나누면 이해하기 쉬워진다'는 점을 설명했는데, 나눌 때 적용되는 것이 바로 대비와 스토리의 개념이다.

결론에 대한 근거를 설명할 때 누락과 중복 없이 두 가지로 설명할 수는 있는데 아직 뭔가 부족하다고 느끼는 사람이 많을 것이다. 비즈니스에서는 3가지, 5가지, 7가지로 나누는 것이 기본이라고 알려져 있다. 이 중에서도 3가지로 나누는 것이 상대방이 쉽게 기억하고 납득할 수 있는 방법이다. 이렇게 3가지로 나누는 것을 '파워 오브 스토리'(power of story)라고 한다. 그만큼 강력하고 효과적이라는 말이다.

파워 오브 스토리는 비즈니스뿐 아니라 다양한 상황에서 활용된다. '심기체'(心技體, 정신·기술·체력), '과거·현재·미래' 등 3가지로 구성된 프레임이 많은 것도 이 때문이다.

프레젠테이션의 달인들도 3가지로 나누는 방법을 즐겨 사용한다. 예를 들어 미국의 버락 오바마 대통령은 'Yes We Can', 'Change, Change, Change' 같이 항상 세 단어를 써서 사람들의 뇌리에 남는

3가지 관점으로 작성한 보고서(예시)

정보 리터러시(information literacy)란 무엇인가?
정보 리터러시란 정보를 조작하는 능력뿐만 아니라 정보를 수집·정리·판단·평가·분석하는 능력, 정보 및 정보 수단·정보 기술의 역할과 영향에 대한 이해 등 '정보 다루기'에 관한 광범위한 지식과 능력을 말한다.
〉 **전체상으로서의 총론**

이런 정보 리터러시를 '정보를 찾아내는 능력', '미디어를 이해하는 능력', '기술을 이해하는 능력' 등 3가지 측면에서 설명하면 다음과 같다.

① 정보를 찾아내는 능력
막대한 정보 중에서 필요한 정보를 효율적으로 찾아내 업무나 학습에 활용하는 능력이다.

② 미디어를 이해하는 능력
다양한 미디어가 무엇을 목적으로 하고, 어떤 구성 요소로 만들어졌는지 이해하는 능력이다.

③ 기술을 이해하는 능력
정보를 이용하는 것을 넘어 진정으로 미디어를 이해하기 위해 컴퓨터의 시스템과 이를 뒷받침하는 기술을 이해하는 능력이다.

〉 **상세한 내용을 설명하는 각론**

즉, 정보 리터러시는 정보 기기를 조작하는 능력, 정보 네트워크를 활용하여 필요한 정보를 수집·정리·가공·분석함으로써 본질을 파악하여 발신하는 능력, 업무 기술에 정통하여 필요한 정보를 관리·갱신·활용하여 새로운 가치를 창조해 내는 능력을 통칭한다.
〉 **전체를 정리하는 결론**

대상을 3가지로 나누어 정리하면 쓰는 사람과 읽는 사람 모두의 속도를 높인다

연설을 한 바 있다. 스티브 잡스도 아이폰을 소개할 때 '아이팟, 폰, 인터넷'이라는 3가지 기능으로 나누어 설명하여 청중을 사로잡았다. 이처럼 3가지로 나누어 생각하는 습관은 자신의 생각을 쉽고 효과적으로 전달할 수 있는 출발점이다.

 이렇게 나눈 3가지 관점을 의식하고 업무를 수행하면 업무 처리의 질도 높아진다. 앞서 설명한 비즈니스 프레임인 3C(Customer, Competitor, Company)도 같은 맥락으로 볼 수 있다. 예를 들어 상품 기획 회의를 한다면 연령별 니즈, 지역별 남녀 비율, 평균 연수입, 핵가족률 등 다양한 데이터를 수집할 것이다. 이들 데이터를 정리하여 새로운 상품 기획의 개요를 정리하는 것이 일반적인데, 그저 정리하는 것만으로는 의미가 없다. 이럴 때 3C 프레임을 활용하면 무엇에 특화된 상품을 개발할 수 있는지에 대한 가설을 세울 수 있다. 마찬가지로, 기획 회의뿐 아니라 보고서를 쓸 때도 3가지 관점으로 나누어 작성하면 읽는 사람이 이해하기 쉬운 글을 쓸 수 있다.

Point 26 생각할 때, 이야기할 때, 쓸 때 첫 5분에 집중하라. 모든 대상을 3가지 관점으로 바라보라.

02

가설 검증 사이클을 활용하라

가설 검증의
속도를 높여라

앞서 새로운 프로젝트를 시작하거나 일이 생겼을 때 처음 5분 동안에 가설을 세우는 것의 중요성을 설명했다. 그런데 처음에 세운 가설이 잘못되었다면 어떻게 해야 할까? 가설이 틀렸다고 어찌할 바를 모르고 우왕좌왕하다 보면 그 일은 더 이상 진척되지 않고 원하는 성과를 거둘 수 없다.

가설은 한정된 범위의 정보를 바탕으로 세운 가상의 결론일 뿐이다. 따라서 이후 추가적인 정보를 수집하여 가설이 정말로 맞는지 검증해 가면서 일을 마무리 지어야 한다.

가설을 검증하는 도중에 잘못된 점이 발견되면 곧바로 가설을 수정하는 것이 정답이다. 사람은 경험을 하면 할수록 '스키마'(schema,

새로운 경험이 내면화되어 이후 다른 경험에 대한 준거를 제공하는 정신적 모델 또는 틀을 말한다-옮긴이)라는 사고의 벽에 부딪혀 그 안에서 판단해 버리는 경향이 있다. 즉, 처음 세운 가설에 익숙해지고 확신하게 되어 나중에 가설이 틀렸다는 사실을 알게 되어도 처음 가설 쪽으로 입맛에 맞게 해석할 위험이 있다. 따라서 가설을 검증할 때는 반드시 사실에 근거하여 가설을 검토하고 잘못된 부분이 있으면 즉시 수정해야 한다.

가설 검증 사이클을 신속하게 회전시켜 일을 추진하고 성과를 올리기 위해서는 사실에 근거해 집요하게 추궁하는 태도가 필요하다. 그리고 편향된 가설을 바탕으로 일을 추진하지 않도록 일의 전체상을 파악해야 한다. 책상 위에서 얻을 수 있는 정보뿐만 아니라 현장에서 얻을 수 있는 정보를 균형 있게 파악하지 않으면 말 그대로 탁상공론으로 끝나 버릴 수도 있다.

이때 책상 위에서 얻을 수 있는 사실 정보를 2차 데이터(secondary data)라고 하며, 현장에서 수집되는 사실 정보를 1차 데이터(primary data)라고 한다.

2차 데이터는 사내에서 얻을 수 있는 영업보고서, 결산서, 기존의 조사보고서, 매출 관련 실적 데이터 등의 내부 정보와 정부간행물, 정기간행물, 신문, 책, 잡지, 인터넷 정보 등의 외부 정보로 구분된다. 이런 2차 데이터는 최초에 가설을 세울 때 도움이 된다.

1차 데이터는 설문 조사에서 얻은 정보와 인터뷰 결과 등의 실사

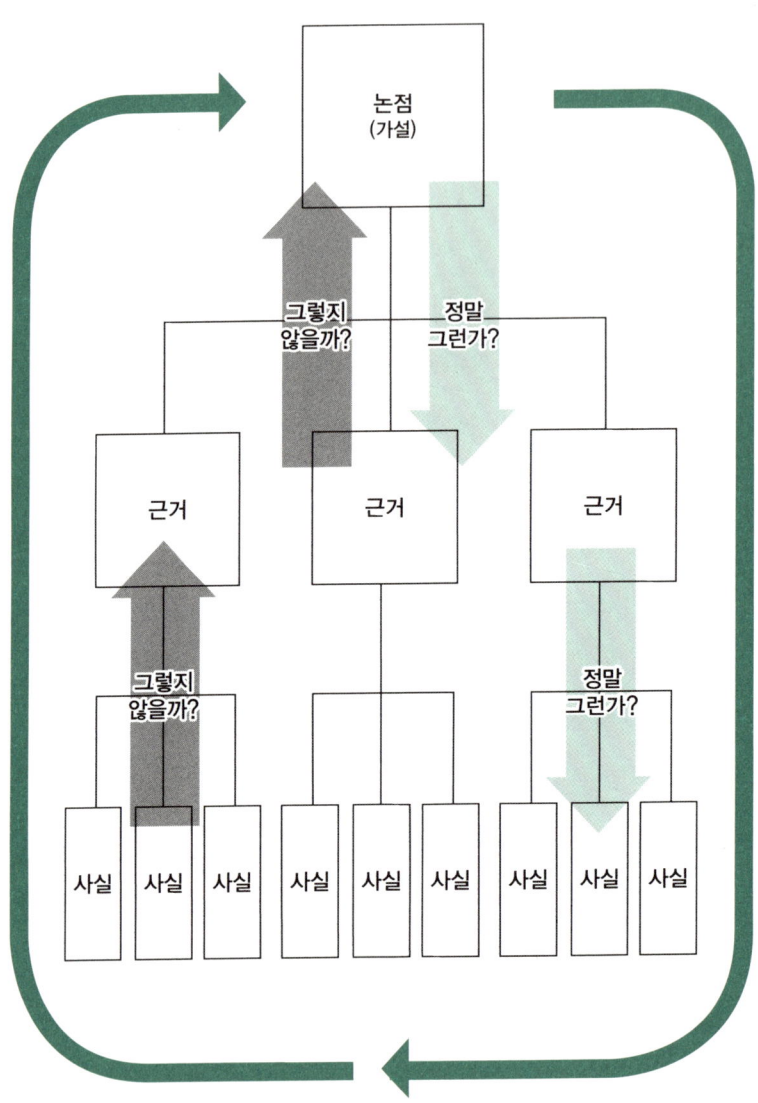

정보, 거리에서 관찰하거나 조사한 관찰 정보, 각종 실험 결과와 소비자 테스트 등의 실험 정보로 나뉜다. 이런 정보들은 처음에 세운 가설이 올바른지 검증하는 데 사용된다.

가설이 편향되지 않으려면 1차 데이터와 같이 앉아서 수집할 수 있는 정보뿐 아니라 직접 발로 뛰어 수집한 현장의 생생한 정보로 검증하는 것이 매우 중요하다. 그 외에도 다양한 각도에서 검증에 도움이 되는 사실을 찾아낼 수 있도록 노력해야 한다.

가설을 검증할 때는 다양한 방면에서 정보를 수집하는 것도 중요하지만 이들 정보는 가설과 관련된 사실들로 한정되어야 한다. 초점을 벗어난 정보를 수집하는 것은 시간 낭비다. 더욱 확실하게 가설을 검증하고자 한다면 앞서 설명한 피라미드 구조를 활용해 전체의 모습을 그리고, 검증에 필요한 정보가 무엇인지 범위를 정의하는 것이 좋다. 가설을 검증하기 위한 프레임을 사용하면 부족한 사실 정보가 무엇인지 명확히 드러나므로, 범위를 한정하여 정보를 수집할 수 있다.

예를 들어 어떤 제조업체가 '베트남의 A상품 시장에 진출할 것인가'를 논점으로 다음 페이지의 '가설 검증 사례 1'과 같은 정보를 갖고 있다고 가정해 보자. 그림을 보면 수집된 정보들을 바탕으로 '베트남의 A상품 시장에 진출해야 한다'는 결론(가설)을 도출할 수 있다. 그러나 정말로 그 정보들만으로 결론을 내려도 좋은지 생각해 보면 앞서 언급한 3C 프레임 중 '경쟁사'에 대한 정보가 부족하다는 점을

가설 검증 사례 1

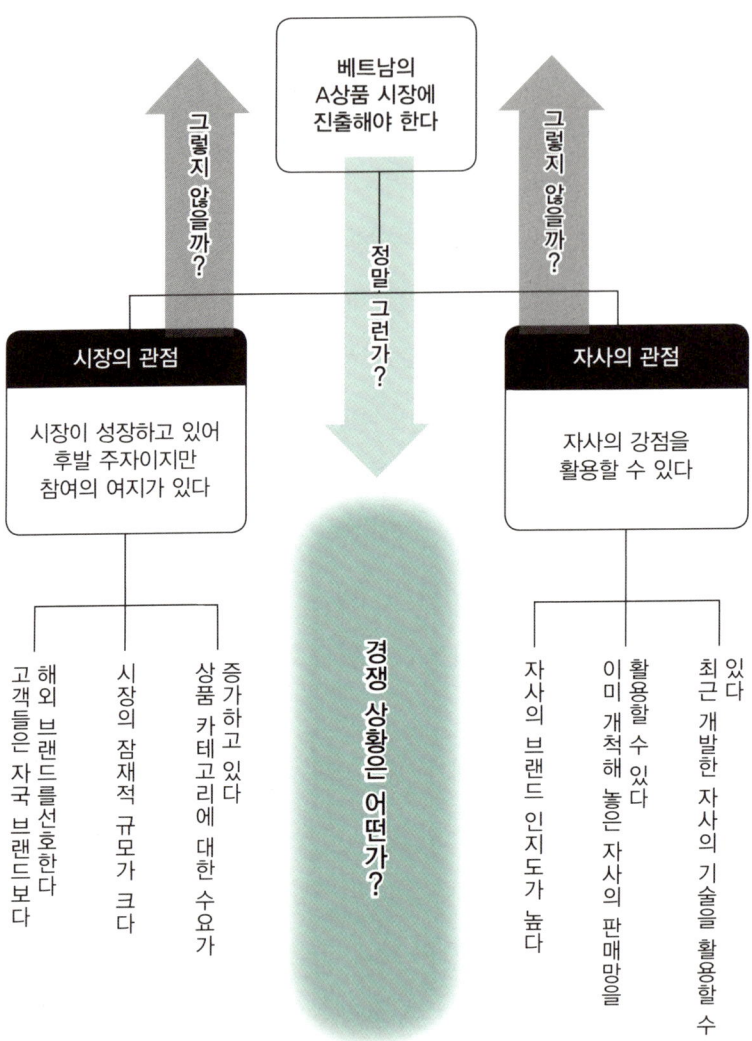

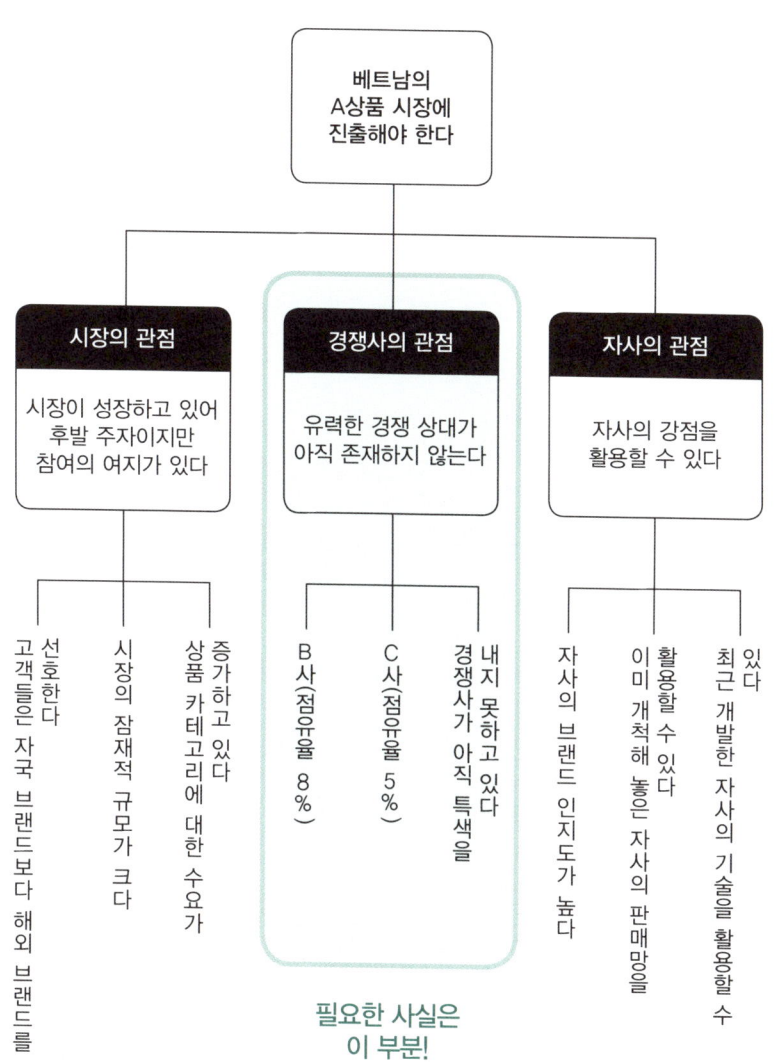

Part 4 로지컬 씽킹을 가속화하는 힘

알 수 있다. 즉, 베트남의 A상품 시장에 진출해야 한다는 가설을 검증해 보니 경쟁 상황을 조사할 필요가 있음을 알게 된 것이다.

경쟁 상황을 조사한 결과, 예를 들어 '경쟁사인 B사의 베트남 시장 점유율이 8퍼센트', 'C사의 점유율은 5퍼센트', '두 회사 모두 확고한 특색을 보여 주지 못하고 있다'라는 사실이 검증되었다고 하자. 그러면 '경쟁 상황과 관련해서는 유력한 경쟁 상대가 아직 존재하지 않는다'라는 가설을 더욱 강력하게 뒷받침하는 근거를 갖추게 된다. 이처럼 가설에 대한 정보를 보완하여 검증을 반복하면 가설의 정확도를 높일 수 있다.

> **Point 27** 프레임워크로 정리한 사실 정보를 바탕으로 가설 검증 사이클을 반복해서 회전시켜라.

▶ 실천을 위한 케이스 트레이닝

　한정된 정보를 바탕으로 가설을 세우고 프레임을 통해 검증할 부분을 명확히 하는 연습을 해보자.
　의류업체 A사는 오랜 역사를 자랑하는 브랜드를 가지고 있지만 시장 환경이 변화하고 있어서 경영 쇄신이 필요한 상황이다. A사의 사장인 당신은 어떤 방향으로 나아가야 할지 결정하기 위해 다음에 제시된 12가지 정보(사실)를 수집했다. 이런 사실 정보를 바탕으로 판단할 수 있는 경영의 방향성(가설)을 생각해 보자.

> **수집된 12가지 정보(사실 정보)**

▶ 아래의 사실을 바탕으로 향후 당사(의류업체)가 나아가야 할 경영의 방향성을 정하라.

※ 피라미드 구조를 이용하여 생각할 것.

---

① 이미 상품이 넘쳐나고 있어서 소비자들은 높은 품질의 고가 상품을 선호하는 층과 저가 상품을 선호하는 층으로 구분되어 양극화가 일어나고 있다.

② 경쟁사 GARA는 젊은 층을 대상으로 참신하고 독특한 상품을 단기간에 개발해 내고 있다.

③ 당사의 상품은 가격과 디자인 모두 중간층을 타깃으로 하고 있다.

④ 최근 시장에서는 성별이나 연령별 등으로 구분하여 소비되는 상품보다 유니섹스(unisex), 논에이지(non-age) 상품이 인기를 얻고 있다.

⑤ 당사의 광고 선전비와 프로모션을 위한 투자는 10년 전과 비교하여 3분의 1 이하 수준으로 감소했다.

⑥ 경쟁사 ZAP는 내년도 광고 모델로 젊은 층에서 인기가 많은 톱클래스의 아이돌을 선정했다.

⑦ 당사의 조사에 따르면 매장에서의 구입뿐만 아니라 온라인에서의 구입을 희망하는 소비자들이 지난 3년 동안 지속적으로 늘어나고 있다.

⑧ 10~20대 남녀는 매장을 방문할 때마다 새로운 상품을 볼 수 있도록 상품의 빠른 회전을 요구하는 추세다.

⑨ 홍콩에서 들어온 HEIWAY 브랜드는 고가 상품을 찾는 고객을 대상으로 상담실을 운영하는 등 특징 있는 매장을 지속적으로 만들고 있다.

⑩ 소비자들은 고가든 저가든 상관없이 반품 처리와 당일 배송 등 서비스 측면을 중시하는 경향을 보이고 있다.

⑪ 젊은 층을 대상으로 한 TV 프로그램이나 인기 잡지의 특집 기사와 연동시켜 판매를 추진하는 넷부띠끄의 미디어 믹스 전략이 주목받고 있다.

⑫ 당사는 창업 이래 비용을 수반하지 않는 홍보 활동을 지속적으로 전개하고 있다.

사실 정보에 기반한 경영의 방향성 판단(예시)

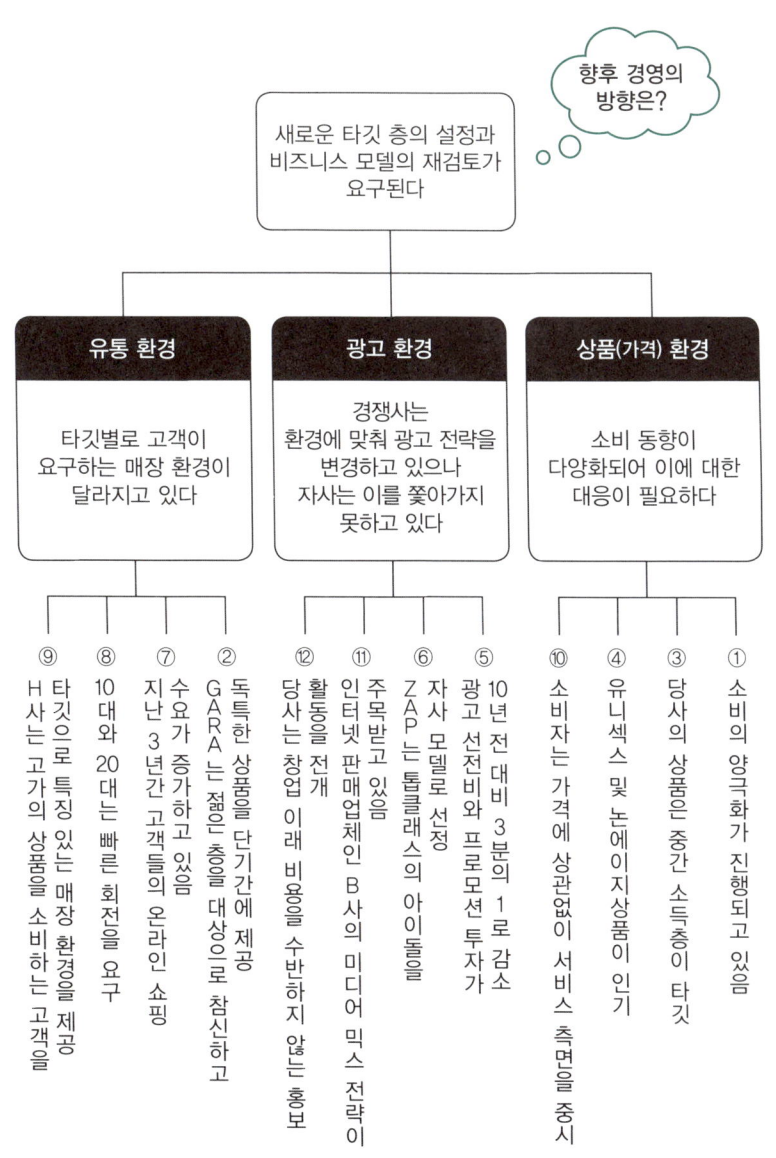

Part 4 로지컬 씽킹을 가속화하는 힘 **229**

03

전달의 속도를 높이는 법

'전달하는' 것과
'전달되는' 것의 차이

예전에 어떤 유치원 교사로부터 다음과 같은 말을 들은 적이 있다.

"아이들이 얌전히 이야기를 듣고 있는 줄 알고 말하다 보면 이야기가 제대로 전달되지 않는다. 반대로 아이들은 원래 이야기를 잘 듣지 않는다고 생각하면 이것저것 연구를 하게 된다."

비즈니스에서도 마찬가지다. 바쁜 사람을 붙잡고 그들이 이야기를 들어 줄 것이라고 생각하면 대개는 실패한다. 게다가 사람들은 긴 이야기를 좋아하지 않는다. 짧은 시간에 핵심만 확실히 전달하는 이야기를 선호하고 잘 받아들인다. 스피치 기술 중에 '엘리베이터 테스트'라는 것이 있다. 엘리베이터를 타고 건물의 꼭대기 층에서 지상까지 내려오는 동안 이야기를 마무리하고 상대방이 의사결정을 할 수 있도록 핵심만 간결하게 말할 수 있는지 시험하는 것이다. 오늘날 비즈니스에서도 이 정도의 속도와 기술로 커뮤니케이션하는 능력이 요구된다.

일본의 리쿠르트 회사에서 몇 번이나 최고의 영업사원에 뽑힌 와타세 유즈루는 저서 《말하지 않는 영업의 기술》에서 무리하게 말로 전달하는 것보다는 전달되는 사실과 분석 결과를 준비하는 것이 중요하다고 했다. 상대방의 이야기를 잘 듣고 필요한 정보를 수집했으면 이를 분석해서 데이터와 결과를 한 장에 정리하여 보여 주는 것이다. 특별히 길게 말할 필요도 없다. 상대방이 자기에게 필요한 결론, 근거, 사실을 접하면 필연적으로 당신이 전달하고자 했던 내용을 받아들이기 때문이다.

이때도 피라미드 구조는 중요한 역할을 한다. 전달하고 싶은 내용을 가장 위에 두고, 아래에는 상대방의 입장에서 의사결정에 필요한 정보를 근거와 사실로 정리한다. 그리고 이를 한 장에 정리하면 그것으로 끝이다. 중요한 점은 본인의 논리가 아닌 상대방의 논리로 구성해야 한다는 점이다. 그러기 위해서는 상대방의 이야기를 잘 듣고 그에 관련된 정보를 수집해 두지 않으면 안 된다.

대부분의 사람들은 다른 사람의 말을 듣는 데 서툴고, 자신이 납득할 수 있는 논리가 아니면 움직이려 하지 않는다. 그렇다면 어떻게 해야 상대방이 당신의 말을 듣고 움직일까? 이때 도움이 되는 것이 '질문'이다. 뛰어난 리더는 뛰어난 질문을 하는 사람이라는 말처럼, 좋은 질문은 메시지를 잘 전달할 뿐만 아니라 상대방에게 깨달음을 준다. 《주간 문춘》(週間文春)에서 20년 동안 인터뷰어로 활약했던 아가와 사와코는 그의 저서 《듣는 힘》에서 상대가 미처 깨닫지 못하고 있던 것을 질문을 통해 일깨워 주는 경우가 많았다고 말했다. 좋은 질문은 그 자체만으로도 사람을 움직이는 힘을 가지고 있다.

전달하고 싶은 것이 있다면 무턱대고 전달하려 하지 말고 먼저 상대방의 생각과 상황, 그가 보고 있는 부분과 보지 못하는 부분을 확인하고 이를 바탕으로 이야기를 전개해야 한다. 이를 재미있는 표현으로 '나중에 내는 가위바위보'라고도 하는데, 먼저 상대방이 낸 것을 보고 무엇을 낼지 결정하는 것과 비슷하다고 해서 붙여진 이름이다. 상대방의 상황을 알지 못한 채 자신의 이야기만 쏟아 내는 것은 경우에 따라 상대방을 불쾌하게 할 수도 있다.

논리적인 사람은 질문을 통해 상대방의 상황을 파악하고, 그에 맞춰 이야기한다. '전달하는' 것과 '전달되는' 것은 다르다.

Point 28 무리하게 전달하려 하지 말고 전달될 수 있는 방법을 연구하라.

확실한 한마디로
전달한다

평소 '저 사람은 참 이해하기 쉽게 말한다'라고 생각되는 사람의 모습을 한번 떠올려 보자. 그들은 어떻게 말을 하는가? 주저리주저리 늘어놓는 설명을 하던가? 아니면 짧고 확실하게 이야기하던가? 이해하기 쉽게 말하는 사람들의 공통된 특징은 명확하다는 것이다. 한마디로 그들의 말에는 확신과 자신감이 배어난다. 반면 잘 이해되지 않게 이야기를 하는 사람들은 이것저것 많이 말한다는 공통점이 있다. 자신은 상대방을 배려한다고 생각해서 정보를 최대한 많이 모아서 제시하지만, 상대방이 보기에는 정보가 너무 많아서 뭐가 뭔지 모르는 경우가 많다. 이는 상대방의 입장에서 말하는 게 아니라 자기 위주로 말하는 것이다.

'시간을 들여 열심히 조사했으니까 이것도 이야기해야지.'

'이렇게까지 했으니 나의 노력을 인정해 주겠지?'

이런 생각은 상대방을 고려한 이야기가 아닌 사실은 자신을 위한 이야기를 하게 만든다. 진정으로 상대방을 위한다면 필요한 정보만 단적으로, 명확하게 전달해야 한다.

전달하는 내용을 줄이기 위해서는 전체적인 시나리오를 그린 후 상대방의 상황과 목적을 고려해 불필요한 부분을 하나씩 버리는 게 순서다. 더 이상 버릴 수 없는 상황이 되었을 때 남아 있는 정보가 정말로 전달해야 하는 정보라고 생각하자. 그리고 확신을 갖고 전달하면 된다. 그래도 아쉬운 생각이 든다면 버린 부분은 만약을 위해 보충 자료로 남겨 두고 질의응답에 활용하면 된다.

앞서 제로베이스 사고를 할 때 '본래'라는 단어를 의식적으로 자주 사용하면 목적으로 돌아가기가 쉬워진다고 이야기한 바 있다. 이와 같이 가능한 한 짧고 명확하게 전달하기 위해 평소에 다음과 같은 단어를 자주 사용하는 습관을 들이면 이야기를 줄이고 정리하는 데 도움이 된다.

- 요컨대
- 결론적으로
- 즉

- 정리하면
- 한마디로 말하면

이해하기 쉽게 전달하는 사람들은 이런 단어를 의식적으로 혹은 무의식적으로 빈번히 사용한다. 이런 말하기 습관은 산만해지거나 한쪽으로 치우치기 쉬운 생각을 정리해 주는 효과가 있다. 듣는 사람도 그전까지는 잘 이해하지 못했더라도 이런 단어를 통해 이야기의 핵심을 파악할 수 있다. 평소에 이런 단어들을 자주 쓸 수 있도록 노력하자.

Point 29 '요컨대', '즉', '한마디로'와 같은 단어를 사용해 단적으로 전달하라.

프로는 결코
변명하지 않는다

 지금까지 논리적으로 생각하고 말하는 방법에 대해 설명했다. 결론적으로, 상대방의 입장에서 이해하기 쉽다는 것은 결국 '내가 어떻게 생각하는가'로 귀결된다고 할 수 있다. 자신이 무엇을 생각하고 있는지 정확히 알지 못할 때, 즉 결론을 내리지 못할 때 상대방은 움직이지 않는다. 그럴 때는 뭔가를 전달하려고 해도 이야기에 힘이 실리지 않는다. 이야기에 확신이 없고 상대방이 요지부동일 때, 1장에서 언급한 생각하는 것과 고민하는 것의 차이에 대해 다시금 생각해 볼 필요가 있다.

 '고민한다'라는 단어의 이미지를 구체적으로 떠올려 보면 다음과 같다.

- 혼자서 끌어안고 끙끙댄다.
    ⋯▸ 생각은 남에게 묻는 것이다.
- 목적이 보이지 않는다.
    ⋯▸ 생각하는 것은 목적이 보이는 것이다.
- 멈춰 서 있다.
    ⋯▸ 생각은 움직이는 것이다.
- 부정적이다.
    ⋯▸ 생각하는 것은 긍정적인 것이다.
- 결론이 없다.
    ⋯▸ 생각하는 것은 결론이 있다.
- 감정적으로 말한다.
    ⋯▸ 생각은 이성적인 것이다.

고민하는 사람은 바꿀 수 있는 것과 바꿀 수 없는 것을 구분하지 못한다. 자신의 힘으로 불가능하거나 하기 어려운 일에 대해 필사적으로 생각하다 보면 생각은 어느새 고민으로 바뀌어 버린다.

자신이 영향을 미칠 수 있는 범위를 넘어서는 주제에 대해서는 '그것은 내 힘으로 할 수 없는 것'이라고 마음을 비워야 한다. 통제할 수 있는 것과 통제할 수 없는 것을 명확히 구분하면 생각에 임하는 자세가 달라질 것이다.

바꿀 수 있는 것과 바꿀 수 없는 것을 명확히 구분할 수 있는 사람은 어떤 사람일까? 기업 연수에서 이런 질문을 하면 대개 스포츠 선수의 이름이 거론되곤 한다. 이런 스포츠 선수들의 공통점을 찾아보면 그들은 대부분 '다른 사람은 다른 사람이고 나는 나'라고 명확히 구분하는 특징을 보인다. 언론이나 주위에서 아무리 떠들어도 결코 흔들리지 않는다. 대신에 그들은 '올림픽에 나간다', '메달을 딴다', '대회에서 우승한다' 같은 명확한 비전을 가지고 있다.

명확한 비전과 목표는 흔들리지 않는 가치관과 기준을 제공한다. 분명한 기준이 있는 사람은 고민하지 않으며 스스로 세운 목표를 향해 매진한다. 그리고 절대로 흔들리지 않는다. 그런 사람들, 특히 프로스포츠 선수들의 인터뷰를 보면 이야기가 매우 간결하고 단적임을 알 수 있다.

그들은 '할 수 있다', '할 수 없다'와 같이 분명하고 확실한 선을 그으면서 계속 앞으로 나아간다. 그리고 바꿀 수 있는 것과 바꿀 수 없는 것을 뚜렷이 구분한다. 또, 절대로 변명하지 않는다. '프로'로 불리는 사람들의 공통적인 특징 하나는 어떤 일의 결과를 자신의 책임으로 받아들인다는 점이다. 과거의 사실과 타인은 바꿀 수 없는 것이다. 그래서 그들은 자신을 바꿔 미래를 바꾸려고 한다. 냉정한 승부의 세계에서 스스로 바뀌지 않고서는 미래를 개척할 수 없다는 사실을 몸으로 체득한 것이다.

비즈니스에서도 마찬가지다. '상사가 문제다', '일이 적성에 맞지 않는다', '경기가 나쁘다'와 같이 타인과 대상을 주어로 삼지 말고 '그래서 나는 이렇게 하겠다'와 같이 자기 자신을 주어로 이야기해야 한다. 이를 반복하는 것이 신속하게 생각하고 이해하기 쉬우면서도 핵심을 말하는 최고의 습관이다.

> **Point 30** 어떤 상황에서든 '나'를 주어로 이야기하라.

에필로그

현장에서 통하는 진정한 사고법

로지컬 씽킹에 대한 책은 이미 서점에 다수 진열되어 있을 정도로 많이 나와 있고, 필자들도 과거 동일한 주제를 가지고 책을 쓴 적도 있다. 이런 상황에서 이 책은 로지컬 씽킹에 대한 30가지 핵심 내용을 바탕으로 독자들이 최대한 쉽게 '활용'할 수 있도록 하는 데 집필의 주안점을 두었다. 논리적인 사람들이 현장에서 실천하고 있는 사고와 행동, 언어 습관을 구체적인 사례들로 설명하여 독자들이 개념을 이해하는 것뿐만 아니라 행동을 바꿀 수 있도록 하자고 생각했다. 그동안 수많은 연수를 진행하면서 다른 무엇보다 현장의 중요성을 크게 실감했기 때문이다.

행동은 사고를 형성하는 동시에 사고를 바꾼다. 한 사람이라도 더 많은 사람이 이 책을 통해 로지컬 씽킹의 핵심 개념을 이해하고, 논리적인 사람의 습관을 실제로 흉내 내고 반복하면서 비즈니스에서뿐 아니라 일상에서도 논리적으로 생각하고 말하게 되기를 기대한다.

  마지막으로, 이 책은 정말로 많은 분들의 협력과 노력으로 만들어졌다. 평소 현장에서 수많은 기업체 근무자들과 마주하는 HR인스티튜트의 구성원들, 이 책이 완성되기까지 엄격한 감수를 진행해 준 노구치 요시아키 대표, 항상 자극과 성장의 기회를 제공하는 고객과 파트너들, 그리고 끈기 있게 편집 작업을 해준 PHP연구소 비즈니스출판부의 동료들, 그들의 생각을 '로지컬 씽킹'을 넘어 뜨거운 열정과 함께 전하고 싶다.

HR 인스티튜트